农业现代化与城镇化道路探索丛书

农业机械化经济运行分析

—————— 江泽林　著 ——————

中国社会科学出版社

图书在版编目(CIP)数据

农业机械化经济运行分析/江泽林著.—北京:中国社会科学出版社,
2015.12
ISBN 978 - 7 - 5161 - 7215 - 5

Ⅰ.①农… Ⅱ.①江… Ⅲ.①农业机械化—经济分析—
研究—中国 Ⅳ.①F323.3

中国版本图书馆 CIP 数据核字(2015)第 291229 号

出 版 人	赵剑英
责任编辑	王 茵
特约编辑	王 琪
责任校对	李 莉
责任印制	王 超

出 版	中国社会科学出版社
社 址	北京鼓楼西大街甲 158 号
邮 编	100720
网 址	http://www.csspw.cn
发 行 部	010 - 84083685
门 市 部	010 - 84029450
经 销	新华书店及其他书店

印 刷	北京君升印刷有限公司
装 订	廊坊市广阳区广增装订厂
版 次	2015 年 12 月第 1 版
印 次	2015 年 12 月第 1 次印刷

开 本	710 × 1000 1/16
印 张	12
插 页	2
字 数	118 千字
定 价	45.00 元

凡购买中国社会科学出版社图书,如有质量问题请与本社营销中心联系调换
电话:010 - 84083683

序

中国的改革发轫于农村，从解决农民的吃饭问题开始，然后在城市全面深入展开。随着我国经济由计划经济向市场经济转变，城乡分割的藩篱逐步打破，城乡要素资源流动日益频繁。

在新的历史条件下，农业现代化与城镇化相互促进成为我国经济社会发展的鲜明特色，农业现代化与城镇化成为社会发展进程中相互依存的两个方面。一方面，农业现代化提高了土地产出率和劳动生产率，为城镇化的健康发展创造了人口条件，也为提高城镇化质量水平奠定了坚实基础；另一方面，城镇化吸收转移农村剩余劳动力，为农业适度规模经营、实现农业机械化提供了前提条件，也为农业现代化开辟了广阔空间。从这个意义上讲，我国改革的三十年，是城镇化较快发展的三十年，也是农业走向现代化的三十年！

我从 20 世纪 90 年代初就一直关注我国农业现代化、城乡统筹发展、城镇化等方面的热点难点问题，在不同阶段、不同岗位的学习、工作、实践中对这些问题进行了一些思考，现将有关内容集结成册，以期得到业内同仁的指导帮助，更好地服务于今后工作。是以为序。

江泽林

2015 年 12 月 30 日于北京

前　　言

（一）

农业的根本出路在于机械化。农业机械化是农业技术进步不可逾越的物质技术基础。没有农业机械化就不可能有农业的现代化，发展农业机械化是农业现代化建设的必由之路。

新中国成立以后到 20 世纪 90 年代初，我国农业机械化大体经历了一个从无到有、由慢到快的发展过程。

1949—1979 年，我国农机工业体系初步建立并得到发展，农业机械化从无到有。1949 年全国农用拖拉机只有 117 台，农业机械化装备总动力 8.01 万千瓦，农业机械化水平不到 1%。1959 年国家成立农业机械部，农业机械制造业从其他工业门类中独立出来，加之农业合作化的完成，为农业机械化的发展创造了有利条件。国家开始通过计划手段，对农业机械实行国家及集体生产、经营和所有，农机供应实行配给制，农机产品实行低价格、价格外补贴等政策。从 1966 年开始，国家把支持人民公社的投资主要用来扶持农业机械化，以农机产品实物形式配给来替代支农资金和贷款。1966—1973 年，我国农机产品先后降价 5 次；1967—1976 年，国家支农资金的 60%—70% 用于发展农机事业，总量达 70 多亿元。这一阶段，国家对农机工业采取低价格政策，农机产品价格与价值背离，农机企业利润偏低；政府既是农机的需求主体也是供给主体，农业机械化发展动力不足。到 1979 年，全国 1960 个县相继建立了农机修造厂，农机固定资产原值达到 82.79 亿元，农机工业总产值 84.13 亿元，从业职工人数 106.4 万人，农机机械化装备总动力 1.34 亿千瓦，全国农作物耕种收综合机械化水平不到 20%。

改革开放后到 20 世纪 80 年代中后期，随着农村改革不断深化，农户获得了农业经营自主权和农机购买、经营自主权，农机产品价格逐步放开，农业机械化发展由慢到快。1980 年秋，安徽霍邱县 6 户农民通过集资购买了两台江淮 50 拖拉机，组建了第一个农民自主经营的拖拉机站，从此打破了计划经济时期规定的拖拉机等大型农机具不能私人购买的限制。1983 年中央印发的《当前农村经济政策的若干问题》明确指出，允许农民个人或者联户购置农副产品加工机具、小型拖拉机和小型机动船，从事生产和运输，大中型拖拉机和汽车原则上不禁止。自此农民获得了自主购买、经营使用农业机械的权利，出现了国家、集体、农民个人和联合经营、合作经营等多种形式经营农机的局面。与此同时，我国农机产品价格逐步放开，开始推行价格双轨制，即农机计划产量部分实行国家定价，超出计划产量部分实行市场定价。1984 年国家批准工业生产资料超产部分可加价 20% 以内出售。1985 年国家取消了原订不高于 20% 的规定，超产部分允许按市场价格出售。继续采取价格外补贴、减免税收、调拨平价物资等手段，弥补农机企业的政策性亏损。实行鼓励使用农业机械政策，每年安排数百万吨平价柴油供应农村，降低农民使用农业机械的成本。这一阶段，受益于农机购置需求的增加和部分优惠政策的继续执行，农机工业发展速度加快，小型农机具迅速发展。到 1991 年年底，全国农机工业总产值 342.9 亿元，农机机械化装备总动力 2.94 亿千瓦，全国机耕面积达 7.52 亿亩，机播 3.7 亿亩，机收 1.75 亿亩。

随着我国经济体制由计划经济向市场经济转变，到 20 世纪 80 年代后期至 90 年代初期，我国农业机械化发展面临着一系列问题。一是农机工业经历了一个迅速下降到逐步回升的过程，农机长期处于低价格、低利润率水平，整体发展艰难，增长乏力；二是实行家庭联产承包责任制后，单家独户的生产方式使得一部分大型农机失去了使用条件，农机逐步向小型化发展，农机的实际需求量大规模地缩减，出现了农机闲置、拆散废弃等问题；三是受农机需求结构改变的影响，农机使用出现非农化倾向，大部分农业机械主要从事加工业和运输业，而实际上种植业机械化水平并没有得到提高，甚至一些作业项目的机械化水平反而下降；四是农机优惠政策逐步弱化、取消，农机市场竞争加剧，农机利润急剧下降，一批农机企业无法适应市场经济要求濒临破产倒闭，而农户由于受制于农机购置投资量大、个体自身购买力弱的原因，也影响了农机市场需求和购买意愿。

这段时期我国农业机械化发展遇到的问题引起了我的注意，再加上原来的工作经历，促使我认真系统地研究我国农业机械化经济运行情况，希望为农业机械化走出困境、健康发展提供建议。

（二）

本书从经济学的角度研究我国农业机械化经济运行的状况，主要包括农业机械化宏观配置、宏观调控、经济运行分析和财政政策分析等内容。本书正文主要分两大部分，其中第二章至第四章主要分析农机化宏观调控的内容和方法，第五章至第七章遵循农机化发展的一般自然过程，对农机工业运行及农机产品进入农业生产过程的技术经济关系进行分析，提出我国农机化发展的支持政策。

第一章，绪论。主要分析了我国农业机械化的二元技术结构特征、经济环境与农业机械化的关系，论述了农业机械化的不可逾越性和发展的长期性，并在此基础上提出研究的基本思路。

第二章，农业机械化的选择性分析。从宏观配置资源的角度分析选择性发展农机化问题，实质上是依据社会经济和资源情况对我国农机化发展进行总体布局。我国各地自然条件差别很大，经济发展也不平衡，农机化必须有选择地发展。但如何进行选择？选择依据是什么？该章从我国农机化宏观配置的基本情况出发，提出了影响我国农机化发展的主要因素是劳均耕地、经济发展水平和农村商品化程度，这也是选择性发展农机化的主要依据，因此，针对不同地区，发展农机化必须采取激励和约束措施进行宏观调控。

第三章，农业机械化宏观调控分析基础。论述了对农机化宏观调控的主要方面，包括工业要素与供给、农业要素与需求，以及调控的方向与力度。在农机化工业要素与农机供给分析中，根据柯布—道格拉斯生产函数模型，建立了农机供给要素与供给能力的函数关系，论证了各供给要素对供给能力的贡献份额，确定了农机供给的调节依据；在农机化农业要素与农机需求分析中，建立了需求要素与需求量的函数关系，并通过对浙江湖州市调查数据的实证分析，确定了农机需求量的调节依据。

第四章，农业机械化运行的调节方法。论述了在市场机制下对农机化运行进行宏观调控的必要性，分析了农机化运行的调节方法，对完善农机化宏观调控体系和调控手段提出建议。即为保证国家宏观经济政策的实现，可以通过激励或约束农机化供给与需求要素的水平对农机化发展进行双向调节。农机化调节不仅仅是总量调节，还可根据资源稀缺程度，在可能的范围内，通过要素替代分析进行农机化的结构调整。分析表明，我国农机化发展模型转换存在两类：一类是由于宏观经济条件变化而发生政策导向型模型转换，一类是由于技术创新或生产要素重组而发生技术性模型转换。在农机化模型转换过程中，政府应采取措施减少转换损失。

第五章，农机工业的经济运行分析。在论述农机产品价值范畴和不同价格体系下农机工业产值、价格构成的基础上，分析计算农机工业在剪刀差条件下的价值与价格背离情况，得出农机工业价格低于价值、农机工业利润率低于工业平均利润率的结论。考察我国农机工业低利润率、低价格的历史，阐述我国农机工业低利润率、低价格造成的后果，一方面农机工业发展萎缩，另一方面农机非农用化畸形发展。

第六章，农业机械向农业输入过程分析。建立理论模型分析了农业机械化追加投资的质的规定性和量的要求，指出了农机商品向农业输入过程的经济障碍和技术障碍。

其经济障碍是，农机工业产品存在双向"剪刀差"。

新中国成立之后，我国建立了高度集中的计划经济体制，采取重工业优先发展战略，工业品定高价、农产品定低价，形成了工农产品价格剪刀差。与此同时，为支持农业机械化发展，我国农机工业一直采取低价格政策，农机产品的价格水平比一般工业品低，比农产品价格高，处于工农业产品剪刀差的"刀口"之中，形成"剪刀差Ⅰ和剪刀差Ⅱ"。如图1所示。

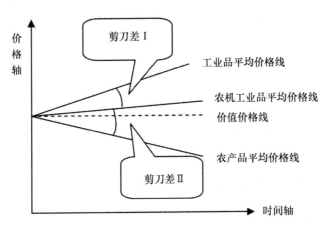

图1　剪刀差Ⅰ和剪刀差Ⅱ

剪刀差Ⅰ：农机工业品与一般工业品之间的剪刀差。剪刀差Ⅰ的存在导致农机工业不能获得工业平均利润，农机企业不愿意生产农机工业品。

剪刀差Ⅱ：农机工业品与农产品之间的剪刀差。剪刀差Ⅱ的存在导致农民没有能力购买农机产品。

剪刀差Ⅰ、剪刀差Ⅱ的存在导致农机化发展萎缩。

其技术障碍是，由于土地规模、农机人员技术水平、农机与农艺的配合等因素影响，我国农业要素水平不能满足农机化作业的要求，在农机产品输入农业生产过程中存在着技术障碍。

要消除这种经济障碍和技术障碍，必须采取下列三种措施：第一，实行农机补贴，弥合农机工业品存在的双向剪刀差；第二，引导土地分级连片承包，实现适度规模经营；第三，农机农艺配合，简化农机设计制造难度，实现农业机械便利化作业，减少农作物损失。同时加强农民技术培训，提高农机人员技术水平。

第七章，农业机械化过程中的价格机制与财政政策分析。通过对三种价格机制下农机化的运行分析，说明了农机购置补贴对农机化健康发展的重要性，并对财政补贴的对象、范围、补贴数量界限，以及财政补贴的管理进行了详细论述，提出了我国农机化财政政策。

一方面，要继续完善市场机制，彻底放开农机产品价格（农机产品低价格运行会减少财政收入），使农机产品与一般工业品在同一价格水平上，激励农机工业企业在提高产品质量、努力降低成本的前提下获得工业的平均利润，消除剪刀差Ⅰ给农机工业发展带来的不利影响。

另一方面，制定财政补贴政策，对专用农机产品购置进行必要补贴，鼓励农民在农业生产中扩大对农业机械的使用，抑制农机非农用化发展。补贴的原则是，通过财政补贴使农产品与农机产品在同一价格水平上实现"等价交换"，同时加强对农机补贴的管理。补贴的对象是农机购买者而不是农机工业企业。通过农机购置补贴消除剪刀差Ⅱ对农机工业发展造成的不利影响。

（三）

改革开放后，我国农机政策大致经历了三个阶段：1979—1997 年农机工业由计划机制向市场机制转变，逐步赋予农民自主购买农业机械的权利，放开农机产品价格，形成以市场为导向的农机价格形成机制，让农机企业获得工业行业的平均利润；1998—2003 年设立中央专项资金，开展农机购置补贴试点；2004—2014 年农机购置补贴政策正式实施，直补农机购买者。改革开放三十多年我国农机工业实践基本印证了本书的研究结论：实现农机工业健康发展，一方面必须彻底放开农机产品价格，让农机工业获得工业平均利润；另一方面必须实行农机购置补贴政策，实现农机产品与农产品的"等价交换"，补贴的对象是农机购买者而不是农机工业企业。

第一阶段，1979—1997 年，对农机工业的计划管理逐步弱化，农机产品价格逐步放开，优惠政策逐步取消。

1994 年 7 月 1 日，国家取消了农用平价柴油，至此国家在计划经济体制下出台的农机化优惠政策全部取消，农业机械化进入了以市场为导向的发展阶段。到 1997 年，我国 85% 以上的生产资料价格、90% 以上的农产品价格、95% 以上的工业品价格已经由市场决定，基本形成了以市场价格机制为基础的资源配置方式。农业机械化发展机制发生了质的转换，投入机制由国家和集体投资购买转向农民投资购买，资金投向、产品结构调整由计划决定转变为市场引导，农机发展动力由国家外力推动转变为以企业经济效益为动力，我国农机化得到了较快发展。

1997 年，我国农机工业总产值由 1980 年的 103.7 亿元增长到 821.6 亿元，农业机械总动力由 14745.75 万千瓦增加到

42015.6 万千瓦。

第二阶段，1998—2003 年，设立中央专项资金，开展农机购置补贴试点。

从 1998 年开始，经国务院批准，中央财政每年拿出 2000 万元资金，在黑龙江、吉林、辽宁、山东、河南、内蒙古和新疆 7 省区，对农民更新大型拖拉机及配套农具实行补助政策。为适应我国农业结构调整需要，2001 年中央财政在"大型拖拉机及配套农具更新补助专项资金"实施三年的基础上，设立了"农业机械装备结构调整补助经费"，补贴范围由原来的以大中型拖拉机及配套农具为主，扩展到联合收割机、秸秆还田机、牧草收获机械及小型饲草料加工机械等优势农产品发展急需的农业机械。1998—2003 年中央财政每年投入 2000 万元，作为用于大中型拖拉机更新购置补贴专项资金，先后在 13 个省（区、市）实施。

2003 年，我国农机工业生产总值由 1998 年的 767.6 亿元增长到 1208.1 亿元，农业机械总动力由 45207.7 万千瓦增加到 60386.54 万千瓦。2003 年全国农业机械购置总投入 223.69 亿元，其中农民投入 215.1 亿元，占 96.2%，农民成为购置农业机械的主体。

第三阶段，2004—2014 年，农机购置补贴政策正式实施并推广完善。

2004 年试水之年：我国开始正式实施农机购置补贴政策。2004 年中央 1 号文件首次将农业机械购置补贴纳入国家支农强农惠农政策的重要内容，农机购置补贴正式成为国家农业支持保护体系的重要组成部分。同年，《农业机械购置补贴专项资金使用管理办法》出台，《中华人民共和国农业机械化促进法》颁布实施，中国农业机械化发展进入了有法可依、依法促进的法治轨道。

2004 年中央农机购置补贴资金 0.7 亿元，补贴品种为拖拉机、深松机、免耕精量播种机、水稻插秧机、收获机和秸秆综合利用机械 6 类，补贴区域包括 16 个省（区、市）的 66 个粮食大县和部分中央直属垦区。

2005—2008 年小步探索：2005 年中央农机购置补贴金额 3 亿元，补贴品种为大中型拖拉机、耕作机械、种植机械、植保机械、收获机械和粮食干燥机械 6 大类 18 个品种，补贴区域增加到 34 个省、自治区、直辖市和计划单列市的 500 个县（场），补贴金额 3 亿元。

2006 年中央农机购置补贴金额 6 亿元，补贴实施地域范围比 2005 年扩大 1 倍多，补贴区域覆盖到全国 1126 个县（场）。

2007 年中央农机购置补贴金额 20 亿元，补贴品种增至 7 大类 24 个品种，在全国 2/3 以上农业县实施，同时将国务院确定的血吸虫疫病区县全部纳入农机补贴实施范围。

2008 年中央农机购置补贴金额 40 亿元。补贴机具进一步扩大到 9 大类 18 个小类 50 个品种，单台补贴比例提高到 30%，实施区域覆盖全国所有农牧业县（场）。

2009—2012 年大步迈进：2009 年中央农机购置补贴金额

扩大到 130 亿元，除覆盖全国所有农牧业县（场）外又将农田基本建设机械、设施农业设备、农产品初加工机械纳入补贴范围，补贴种类更达到 12 大类 38 个小类 128 个品目，同时将 74 kW（100 hp）以上大型拖拉机、高性能青饲料收获机、大型免耕播种机、挤奶机械补贴限额再次提高到 12 万元。

2010 年中央财政安排农机购置补贴资金 155 亿元。补贴机具种类范围由 2009 年的 12 大类 38 个小类 128 个品目扩大到 12 大类 45 个小类 180 个品目，新增 52 个品目。特别是对林业、抗旱节水机械的补贴品目进一步扩大。

2011 年，农业部和财政部联合下发《2011 年农业机械购置补贴实施指导意见》（以下简称《意见》），"鼓励各地在保证资金安全、让农民得实惠、给企业创造公平竞争环境的前提下，开展资金结算层次下放、部分农业生产急需的农机品目满足所有农民申购需求等试点"。国家开始试行"普惠制"的补贴方式，当年中央农机购置补贴资金达到 175 亿元。

2012 年农机补贴资金首次突破 200 亿元，开始推广"全价购机模式"。当年，全国共有湖南、江苏、浙江、内蒙古、四川、甘肃、辽宁、新疆和广西 9 个省（区）开展了全价购机试点，其中湖南、江苏、浙江 3 省是在全省全面推广，其他省（区）则选择性地在部分县市进行试点。

从 2004 年开始，我国农机行业发展步入"黄金十年"，中央农机补贴资金逐年增加，补贴农机的品种、补贴区域逐年增大，农机补贴方式也由"差价购机、补贴农机企业"向"全价购机、直补购机者"转变。

农机购置补贴政策的实施激发了农民的购机热情，有力地促进了我国农业机械化发展。2004—2013 年，我国农机工业生产总值连续十年保持两位数增长，由 2004 年的 854 亿元增加到 2013 年的 3571 亿元，位居世界第一；我国农作物耕种综合机械化水平由 35.38% 上升到 59.48%，农机总动力由 6.41 亿千瓦增长到 10.39 亿千瓦。

（四）

进入 21 世纪后，我国工业化和城镇化快速推进，2014 年我国城镇化率达到 54.77%，农民工总量 2.74 亿人。与此同时，我国农业农村发展进入新的阶段，农村劳动力大量流动，村庄空心化趋势明显，出现了土地撂荒现象。农业农村的新情况既需要加快转变农业生产方式，提高农业劳动生产率，也需要及时推进农村土地流转，实现土地规模经营，这些都为农业机械化发展提供了更加广阔的空间。

农业机械是发展现代农业的重要物质基础，农业机械化是农业现代化的重要标志。当前，我国正处于从传统农业向现代农业转变的关键时期，加快推进农业机械化和农机工业发展，对于提高农业装备水平、改善农业生产条件、增强农业综合生产能力、增加农民收入、改善农村生态环境具有重要意义。2010 年《国务院关于促进农业机械化和农机工业又好又快发展的意见》明确提出，到 2020 年我国农机总动力稳定在 12 亿千瓦左右，主要农作物耕种收综合机械化水平要达到65%。我们要坚持走中国特色农业机械化道路，着力推进技术创新、组织创新和制度创新，着力促进农机、农艺、农业经营方式协调发展，着力加强农机社会化服务体系建设，着力提高农机工业创新能力和制造水平，进一步加大政策支持力度，促进农业机械化和农机工业又好又快发展。

农业机械化意义重大，任重道远。回顾我国农业机械化发展历程，在党和政府领导下探索前进，开拓创新，走出了一条中国特色农业机械化发展道路。本书从经济学角度分析了农业机械化的主要问题和发展对策，对进一步研究中国农业机械化或许有所启迪和帮助。

目　　录

第一章　绪论

农业的技术进步离不开农业机械化水平的不断提高。从生产力发展的连续性考察，农业机械化是农业技术进步不可逾越的物质技术基础。农业电气化的实施是以对农业机械进行动力配置、作业电子自动监视与控制开始的。现代农业的自动化、激光应用、生物措施等高新技术无一不是建立在机械化基础之上的；从生产力发展的阶段性考察，在相当长的一段历史时期，农业机械化体现着农业技术进步的主要特色。从世界农业技术发展来看，可以说从 1910 年到 1978 年，在此半个多世纪中，农业机械化是农业技术进步的核心内容。

我国是一个农业大国，但农业机械化水平很低。进一步研究农业机械化问题，积极稳步地推进我国农业机械化的发展，还需要付出艰辛的努力。

本书将从农业机械化技术结构及系统关系出发，对我国农业机械化运行过程的主要环节进行研究。

一　农业机械化的二元技术结构

马克思在划分各种经济时代时指出，划分人类各种经济时代的标准，不是看它们生产什么，而是看它们怎样进行生产。工业技术与农业生产相结合更多地体现着工业技术发展的阶段性。

早在生产力极其落后的原始社会，人类使用石刀、石铲、石锄等简陋的生产工具，使"人类从采集现成的天然生产物发展到学会经营农业的时期"，这种农业生产与原始加工业的结合是新石器时代的产物。随着冶金业的发展，金属工具不仅为人类游牧、狩猎提供了有力武器，也为农业生产提供了铁木农具。农业生产工具的不断改良和农业生产技术的不断积累逐步形成了传统农业技术。因此，可以说传统农业中的耕作、兴修水利、防治病虫害等都含有工业技术发展的成果。这种工业技术与农业生产的不断结合，我们可以在人类发展史中寻找答案。

由手工业作坊、工场手工业发展到机器大工业是产业革命的主要内容。机械制造业的发展使国民经济产业部门的生产手段发生了巨大变化。马克思详细分析了机器大工业的生产力特性及其对社会经济关系所产生的影响。应该引起人们特别重视的是，马克思严格区分了机器和工具，他指出"在真正的工具从人那里转移到机构上以后，机器就代替了单纯的工具"，"作为工业革命起点的机器，是用……一个机构代替只使用一个工具的工人"①。机器大工业能够不断吸取人类自然科学成果，不断改进技术和工艺，不断现代化，是一种新的社会生产力。所以农业生产工具改良的工业背景是工场手工业，而农业机械化的工业技术背景只能是机器大工业。只有机器大工业才能使农业技术进步产生质的飞跃。在机器大工业技术阶段，农业的机械化是农业技术变革的首要和核心内容。农业机械化的一元技术结构直接同先进的机器大工业技术相联系。

农业作为人类赖以生存的基础产业，有着悠久的历史。传统精耕细作技术源远流长。随着农业技术不断变革，人类在作物种类选择、品种优化、作物耕种制度、积制肥料、兴修水利、防治病虫害等方面不断获得长足进步。农业的不断进步，既是农业不断发展的要求，又是容纳加工业技术的结果。衡量农业技术进步的标准不能仅仅依据农艺的发达程度，而且要看含有的人类物化劳动的成果。马克思指出："农业本身的进步总是表现在不变资本对可变资本部分的相对增加上。"②这一原理反映了农业生产力发展的本质内容。也就是说，高度发达的农业离不开工业部门的大量的物质和能量的输入。农业中广泛使用工业物质技术装备，农业生产手段的现代化，必然伴随着农业有机构成的提高。以此为标准，我国的农业水平落后，仍然是国民经济中较为薄弱的产业。我国农业以不到世界 7% 耕

---

① 马克思：《资本论》第 1 卷，人民出版社 1975 年版，第 430、432 页。
② 《马克思恩格斯全集》第 25 卷，人民出版社 1974 年版，第 857 页。

地面积养活了超过世界 20%的人口，这说明了我国的土地产出率并不低，但付出的代价是几亿农村劳动力。美国地域辽阔，土质肥沃，农业劳动力投入少，增加农产品的生产能力主要依靠农业的机械化。我国农业生产水平低还表现在农民科学文化水平低下。劳动者是生产力中最活跃的因素。劳动资料和劳动对象的有效结合需要劳动者具有精良的素质。我国农民在精耕细作的农业技术基础上从事小规模农业生产不能不说是卓有成效的，但由于科学文化水平低，对农业机械化及现代农业生物技术的接纳迟缓。早在我国战国及秦汉之际已经基本形成的一套以精耕细作为特点的传统农业技术已失去了技术上的先进性。尽管机器大工业早在 18 世纪 30 年代就已产生，发达国家在 20 世纪 30—50 年代相继实现了农业机械化，但对我国农村来说，合理操作和使用农业机械还必须经过专门的技术培训，农民科学文化水平低是难以胜任这种"复杂劳动"的。

因此，农业机械化系统中农业构成要素所含的技术生产力属于较低水平的生产力层次，农业机械化技术结构的另一元则同传统落后的农业相联系。

二元技术结构是农业机械化的基本特色，也是研究农业机械化问题所必须考虑的基本技术关系。

二　经济环境与农业机械化

经济环境对不同技术的结合会产生重大影响。同自然经济相联系，早期的农业与粗放的加工业技术相结合更多地表现为自然发展过程，主要表现为人与自然界之间的关系。在生产力极端落后的中古时期，人类主要是征服自然，以获得人类赖以生存的物质生产资料和生活资料。因此，这种结合的技术关系是简单的、明晰的。对人类社会发展过程中的这种结合的简单考察有助于我们对农业机械化问题的认识。

机器大工业与现代农业技术相结合的经济环境是高度发达的商品经济社会。在这种经济环境中人们不仅需要考虑技术结合的自然属性，同时还要考虑技术结合的社会性。商品交换把整个社会的物质生产联结成一个整体。在这个整体活动中，人们生产什么、生产多少以及怎样生产都必须考虑社会化大生产的需要，以实现社会再生产的物质平衡和替换；商品交换把商品生产者联结在一起，人们交换产品实质上是互换劳动。在这种活动中，人们生产什么、生产多少以及怎样生产不仅要考虑交换的需要，同时还要考虑交换的经济意义，以实现价值补偿与增值。从社会再生产的宏观角度，还必须考虑资源的合理配置和有效使用，以获得良好的社会经济效益和生态效益，因此，机器大工业技术与现代农业生产在市场经济环境中结合比以往任何工业技术阶段同农业生产的结合都要复杂得多。

我国是一个发展中国家，两种异质部门即传统部门和现代部门是明显存在的，具有二元经济的特征。这种经济结构是在我国经济发展过程中逐步形成的。

在商品经济不发达的条件下，把一个落后的农业大国建成社会主义的工业国所面临的两大问题是：工业化的资金来源和工业品市场。1949年，我国工农业总产值仅为46.6亿元，其中农业产值占70%左右，工业产值为30%左右。显然，完全依靠工业的自身积累进行工业化建设是极端困难的。当时的国际环境也不允许我国在很低的速度上进行工业化建设。对于我国工业化资金来源问题，尽管学术界尚缺乏统一的认识，但不能否定在过去的几十年中，以工农业产品价格剪刀差方式从农业中获得的积累是我国工业化资金的重要来源。据有关报告提供的资料，从1952年到1986年，我国工农业产品价格剪刀差差值为6000亿元，差幅接近20%。[①]据有关部门测算，1990年以后，工农业产品"剪刀差"又有扩大的趋势。

资金的获得仅仅是工业化的一个必要条件，要使工业化在扩大再生产基础上进行，还必须具备与之相适应的工业品市场。由于农业落后，自然经济成分高，农村的工业品市场容量极其有限。工业品"市场"主要通过工业部门内部的交换形成，自我循环，自我服务。

应该说我国的社会主义工业化在特定的历史条件下取得了巨大成就，基本建立了完整独立的工业体系。机器大工业在工业部门已成为普遍的生产方式。原材料、能源、交通运输、邮电通信等基础工业获得了较大发展。工作母机、加工工艺等机器制造业的关键技术也取得了成就。工业的发展，特别是重工

---

① 严瑞珍等：《我国工农产品剪刀差》，《经济研究》1990年第3期。

业的发展为农业机械化奠定了一定的物质技术基础。

我国的经济发展逐步形成了具有中国特色的二元经济结构。这种二元经济在新中国历史上曾经起过重要作用，但也产生了严重后果。这种后果是，农业缺乏正常的积累机制，农业生产的手段落后，农业劳动生产力提高缓慢，农业基础薄弱。落后的农村不可能为城市提供充裕的农副产品，更不能成为广阔的工业品市场，反过来又制约了工业的发展。对以农产品为原料的加工业，低价的农产品掩盖了工业低效益。工业的自我循环不能大规模地吸纳农村剩余劳动，导致大量的过剩劳动力滞留在土地上。

农业机械化涉及工农两大产业。我国的城乡差别、工农差别以及经济发展过程中的不平衡性及矛盾在农业机械化运行中都典型地表现出来。例如，由于工农业产品价格的剪刀差对农机产品价格的影响；不平衡的产业政策对农机化财政政策的影响；工农业生产力特征的不同对农机应用的影响等。从理论上说农业机械化的常态运行必须以二元经济结构反差的不断缩小和消除为前提，而要做到这一点已经不可能。因此，在考虑我国农业机械化发展战略时，必须充分认识其发展的经济环境，采取与之相适应的有效措施。另外，农业机械化无论在市场、技术、信息方面还是在政治经济文化方面，都是城乡联系的重要纽带。农业机械化的充分发展必然有利于从根本上消除我国二元经济的强烈反差。

社会主义市场经济体制是我国农业机械化进一步发展所必

须依托的宏观经济环境。按照这一体制要求，市场要在国家宏观调控下对资源配置起基础性作用。

我国农业机械化的发展离不开政府的宏观调控。宏观调控最终是使资源在全社会范围内得到有效利用。对农业机械化的发展进行宏观调控，就必须制定中长期发展战略，对有选择性地发展农机化进行具体部署；对农机化的供给与需求要有总体的平衡方法和平衡能力；要结合我国农机化的具体实践，采取切实有效措施保证农机化运行过程中经营者的主体地位；要为农机化运行全过程创造平等竞争的经济环境。

要提高农业机械化的经济效益，使有限的资源得到合理使用，就必须充分发挥市场的基础性作用。在公平税负、等价交换的前提下，促进农机制造业降低成本、提高质量，为农业提供可选择的农机产品；农业机械必须以商品能量形式向农业输入，坚决克服"国家放给一个农机化"做法，使农机的需求以合理价格为依托，使农业机械尽可能得到合理经济地使用。经济环境的优劣对我国农机化的发展一直产生着巨大影响。

三   我国农业机械化的不可逾越性及发展的长期性

前文分析了农业机械化所含技术特点及依托的经济环境。这些分析并不排斥我国农业机械化的不可逾越性，而是说明了我国农业机械化发展的复杂性及长期性。

1. 农业机械化作为工业技术与农业生产结合的特殊阶段是不可逾越的

技术之间的差异是不同层次技术之间相结合的内在动力。自然科学的发展和科学技术水平的提高是人类征服自然能力的整体提高。当人类在某些领域获得技术成就以后，总是通过各种技术改造与创新将它们用到生产的各个领域，这是生产力不断发展的必然要求和内在动力机制。机器大工业能够大规模地提高劳动生产率，减轻人们的劳动强度，完成许多手工业无法完成的技术操作。因此，在以机器大工业为核心内容的工业技术革命实现以后，这种生产力的扩张趋势迅速显示出来，在短短 100 年中，它基本武装了其他工业部门。尽管这种生产方式向其最后一个产业发展，即对农业的征服经历了漫长的时间，但在 20 世纪 40—60 年代，在一些发达国家基本实现了农业机械化。从技术发展和技术结合的连续性来看，如果在工农两大产业之间缺少农业机械化阶段，那么农业技术的进一步发展必然存在严重障碍。电气化、自动化都是在机械化基础上实现的。农业生物工程技术的真正突破也离不开现代化高新技术的不断发展，而这些技术无一例外地建筑在机器大工业的生产方式之上。因此，农业机械化不仅是农业技术不断进步的必经阶段，而且是现代化农业的物质技术基础。

发达国家产业革命的时代有所不同，社会经济条件和自然资源各异，但都相继实现了农业机械化。发达国家之所以高度重视并不惜代价地实现农业机械化有着深刻的制度原因和经济要求。资本主义生产方式是在机器大工业的隆隆声中得以真正确立的，农业机械化是这种生产方式贯穿到底的必然形式，农业机械化的过程就是资本主义生产方式在农业中得以实现的过程。产业资本向农业输入，农业资本家要求参与社会剩余价值的分割。由于生产资本的集中，大生产排挤小生产，采用先进科学技术，用机器大工业武装农业，实现农业机械化，大幅度提高农业劳动生产率，是这种竞争的必然结果。机器大工业的飞速发展，必然要求与其相适应的农业，以获得资源（农产品与农业劳动力）和工业品市场，使整个国民经济在此基础上运转。发达国家是在机器大工业取得巨大成就的基础上实现农业机械化的，因此，其改造落后的传统农业具有先进的技术基础和强大的物质基础。无论资本主义的生产方式给农村带来多少痛苦和灾难，但最终毕竟在农村培育了资本主义的文明，使社会生产力获得了巨大进步，彻底瓦解了封建主义的农村社会基础，它用血与火的文字载入人类文明史。

社会主义制度的建立和巩固，需要高度发达的社会生产力。"社会主义的唯一的物质基础，就是同时也能改造农业的大机器工业。"① 因此，社会主义国家的农业机械化具有更为重要的战略意义。苏联在特定的历史条件下，从农业合作化和发展国民经济的第一个五年计划就开始加速实现农业机械化，并将其作为农业技术改造的首要内容，建立了强大的社会主义物

---

① 《列宁选集》第4卷，人民出版社1976年版，第549页。

质技术基础。"因为改造小农，改造他们的整个心理和习惯，是需要经过几代的事情。只有有了物质基础，只有有了技术，只有在农业中大规模地使用拖拉机和机器，只有大规模地实行电气化，才能解决这个关于小农的问题，才能使他们的可以说是全部心理健全起来。只有这样才能根本地和非常迅速地改造小农。"① 所以，无论从技术发展的连续性来看还是从变革农村生产方式来看，农业机械化的发展阶段都是不可逾越的。

2. 在二元经济环境中我国实现农业机械化的过程是长期的

农业机械化的一元技术结构直接同机器大工业相联系。工业化与城市化是密切相关的。我们说这一元是先进的，主要是指它的生产方式，而并不意味着我国具有高度发达的工业。我国工业化与城市化相对经济结构的变化是明显滞后的，主要表现在两方面：一是不能及时吸纳农村剩余劳动力，使大量的农业过剩劳动力滞留在土地上，制约了农业劳动生产率的提高和农业生产手段的改善；二是不能为农村提供充足的、价廉物美的工业品。这两方面的结果，造成了物化劳动替代活劳动的经济难度增大，不利于农业机械化的发展。"生产机器所费的劳动，必须比使用机器所代替的劳动更少"② 是运用机器的经济界限。农业机械化的发展必须依靠我国工业化和城市化的进一步发展，大规模地吸纳农村过剩劳动力。随着农业份额的下降，农村人口的相对比重也相应下降。根据中国"农业剩余劳

---

① 《列宁全集》第 32 卷，人民出版社 1958 年版，第 205 页。
② 《马克思恩格斯全集》第 23 卷，人民出版社 1972 年版，第 418 页。

动力利用与转移"课题组测算，我国农业剩余劳动力约有 1 亿人。[1] 如此规模的农村过剩劳动力的转移不是短时间内能够解决的。我们反对"只要农村存在过剩劳动力就不可能实现农业机械化"的片面观点，但是，不容否定农村过剩劳动力大量存在而城市吸收劳动力能力弱，是农业机械化发展的严重障碍。因此，在农业机械化的二元技术结构所体现的技术经济关系中，工业方面占主导地位。只有工业的高度发达，才能为农村提供符合农艺要求的高质量的农业机械，才能奠定农业机械化发展的物质技术基础，才能为农业机械化的发展创造良好的社会经济条件。

我国农村商品经济不发达是我国农业机械化不可能迅速发展的又一严重制约因素。农业机械化作为一项技术经济活动必须符合商品经济规律的要求。工业物质以商品能量形式向农业输入实质上是对农业的追加投资。这种追加投资必须获得追加投资的利润。追加投资效果必须通过提高农业劳动生产率，生产更多的商品农产品来实现。如果这种输入封闭在自给自足的自然经济中，就不可能产生相应的能量效应，农业机械化就不可能实现。从系统论角度考察，系统输入的物质能量必须以新的物质、能量、信息等形式向系统外部传递。机械化农业的商品农产品是工业物质商品能量同外部传递和交换的必然形式。否则，农机工业物质就不可能源源不断地以商品能量形式向农

---

① 中国社会科学院"农业剩余劳动力利用与转移"课题资料。

业输入，农业机械化就不可能稳定健康发展。

机械化农业对传统农业的替代不可避免地置换出部分农业劳动力。这些劳动力的转移为发展多种经营提供了条件。多种经营收入可以间接补偿农机的投资，但问题的实质并没有发生变化。因此，农业机械化的实现规模与农村商品经济的发展水平具有直接的相关关系。

从我国工业化城市化的进程及农村商品经济的现实情况考察，我国实现农业机械化将是一个长期的过程。

四 研究的基本思路

1. 农业机械化的含义

从农业机械化的形式和结果来看，它总是离不开在农业中广泛应用机器设备代替手工工具和畜力农具。生产工具的变革伴随着生产力水平的提高。因此，农业机械化过程是人们对农业自然力的征服能力增强的过程。另外，人类的生产活动总是在一定经济时代的具体条件下进行，并实现着一定的经济目的。农业机械化在提高农业劳动率的同时，必须能够增收（或减少损失），提高农民的经济效益。这两方面说明，农业机械化的技术进步和农村的发展是密不可分的，即农业机械化是提高农业劳动生产率、发展农村经济的综合技术经济活动。

2. 农业机械化系统结构分析

产业部门之间的相互渗透是通过相关构成要素的相互作

用实现的。农业机械化主要作为工农两大产业相互渗透的产物并不是相关要素的简单叠加，而是这些构成要素的相互作用和联系，形成了具有不可替代的内容和自身运动规律的有机系统。

从系统结构和从属关系来划分，农业机械化的构成要素可以分为两大类：一类是同其他系统所共有的构成要素，即农机化共轭构成要素；一类是农机化系统所特有的构成要素，即农机化特殊构成要素。共轭构成要素决定着农机化的外延，特殊构成要素决定着农机化的内涵。

（1）农业机械化共轭构成要素

农业机械化概念本身就强调了农业生产与机器大工业的结合。农业机械化的共轭构成要素主要有农业构成要素和工业构成要素。从生产力角度考察，农机工业构成要素主要包括工业原材料、机器加工的工具、机械加工工艺。这些要素也是机器大工业最基本的要素。农业机械化必须依靠农机工业的发展。"劳动是财富之父，土地是财富之母"，作为培养动植物以取得产品的农业，土地、劳动者及培育对象是其基本的构成要素。这些要素同样是农业机械化不可缺少的要素，它们分别构成农机化的加工对象、实施场所、行为主体和作业对象。

由于共轭要素从属于两个以上的系统（产业或部门），因此，它们的状态水平同时取决于两个以上系统的要求。在不同时期不同条件下，各个系统对构成要素的质与量的选择可能存在差异。例如，土地是农业的基本生产资料，同时也是农机的加工对象和实施场所，它既是农业的构成要素，又是农机化的构成要素。由于所处的关系不同，对土地构成要素的状态水平的要求亦不同。作为农业构成要素，对土地的要求是较高的肥力，符合不同作物生长的土壤特性及水文、气候等条件。作为农业机械化构成要素，对土地的要求是形状、大小及平整度等几何参数，以便于机械作业。从自然物的一般特征来看，对土壤质地要求和几何参数的要求是没有矛盾的，但在特定时期特定条件下，当农业系统要改变土地构成要素的状态水平时，这种差异性就明显地表现出来。家庭联产承包责任制改善了农业活劳动的投入效果，有利于农业生产的发展，但同时带来了土地分割过细、土地经营规模变小等不利因素，恶化了农机化土地构成要素的状态。因此，共轭构成要素的状态水平的选择取决于多个系统要求，在变更共轭构成要素的质和量时，要考虑多个系统的正常运行。

农业机械化的共轭构成要素从总体上界定了农机化的系统边界。农机化作为一项技术经济活动具有一定的综合性。农机化的发展会牵动相关产业的结构变化；农机化的发展也受到多方面因素的制约，即农机化系统是一个开放的系统，它是一个向工农两大产业双向开放的有界系统。

（2）农业机械化特殊构成要素

农业机械化的特殊构成要素是农机化系统所特有的构成要素，它不能离开农机化活动而独立存在（共轭要素可以离开农机化系统，从属于其他系统而存在）。这些特殊构成要素包括农机化内部活动的各个组成部分和环节，如农机科研、制造、技术培训、技术推广、农机使用与维修及其他综合服务，因此农机化特殊构成要素可以理解为不同类别共轭构成要素在其结合过程中所必须经过的中介环节。

机器大工业向其他产业部门提供了物质技术基础，但要使这种物质技术基础真正成为其他产业的现实生产力，就必须根据不同产业的技术特点和要求进行再加工和新技术改造。农业是经济再生产和自然再生产的统一，它的培育对象是动植物，农艺复杂，长期以来依靠人类手工的精耕细作。要实现工农两大产业构成要素的有机结合，就必须依据机器大工业的原理，按照农艺要求进行农机的科学研究与制造。这是农机化活动的开始环节。我国农民拥有丰富的传统农业技术，但使用机械作业相对目前我国农民的知识水平来说仍然是复杂劳动，必须进行农机培训。这些环节都是农业机械化过程所特有的组成部分。只有通过特殊构成要素的密切配合，才能保证农机化本身的运行。没有特殊构成要素，则共轭要素就不可能"共轭"，没有共轭构成要素则不可能有特殊构成要素的存在。

3. 研究的基本思路

根据以上分析，此项研究的基本思路如下。

（1）以资源的有效配置为目的。

宏观调控在某种意义上是保证资源在全社会范围内有效配置的措施。制定宏观调控政策必须对资源的现状、产业布局、合理利用的条件进行综合分析。我国各地自然条件差别大，经济发展也不平衡，农业机械化只能有选择有步骤地进行。如何进行选择？选择的依据是什么？对这些问题的研究实质上是研究农机化资源的宏观配置问题，所以在研究农业机械化宏观调控内容方面将主要分析选择性发展农机化问题。

确定调控内容仅仅是一个方面，还必须建立相应的调控手段。一项技术经济活动总是它的构成要素的相互联系和相互作用的过程。构成要素的状态水平及相互组合决定着它的活动规模的大小及发展态势。对技术经济活动的调控方法必须以此为依据。农业机械化是一项技术经济活动，对这一活动的调节也要以此为依据，确定调控的方向及调控力度。调控的方法与内容是密切相关的。管理部门根据国家发展农机化的布置，采取激励和约束措施，以保证农机化资源的宏观有效配置，促进农业机械化的健康发展。

（2）理顺农机化全过程的经济关系，创造符合市场机制的平等竞争条件。

市场在资源配置中起基础性作用。在农业机械化全过程中必须充分发挥市场机制的作用，努力提高农机化经济效益。农机化过程应该包括农机工业及农机应用两大环节的经济运行。在这两大环节中，要考察农机化运行是否符合市场机制的平等竞争条件。如果不具备这些条件，在农机化财政政策方面应采取什么样的措施。

（3）在研究方法上，将农机化运行问题置于工农两大产业关系之中加以考察，研究工农差别在农机化发展过程中的具体表现和影响。另外，我国农机化发展已经历了 30 余年，在此过程中积累了丰富的经验教训。因此本书应用了正反两方面的材料，一些模型的建立也是以实证材料为基础进行归纳的。

第二章　农业机械化的选择性分析

为使农业机械化合理布局，保证资源在全社会范围内得到有效配置，制定切实有效的宏观调控政策，就必须对实现农业机械化的条件进行分析。在我国这样一个各地自然条件差别很大、经济发展极不平衡的大国，农业机械化必须有步骤地进行。如何进行选择？选择的依据是什么？这些问题实质上是如何进行农机化资源的宏观配置问题，也是本章需要研究的主要问题。

一　我国农业机械化宏观配置的基本情况

在允许农民私人购买农机产品以来，农业机械化的发展主要依靠农业内部积累。农机产品的选择及农业机械化的发展基本是按照农民自己的意愿进行的，这是积极的一面；另外，这种选择往往带有较大的盲目性，影响宏观经济效益。这种情况容易导致农业机械化的宏观失控和农业机械化畸形发展，主要表现在以下方面。

第一，我国每亩耕地拥有的耕作动力（指大中小型拖拉机动力）已大大超过一些发达国家基本实现农业机械化时的水平。我国平均每亩耕地 1989 年拥有的耕作动力为 0.06 千瓦，而美国在实现农机化时的耕作动力为 0.029 千瓦/亩，苏联为 0.015 千瓦/亩，西德为 0.0074 千瓦/亩。但我国该年度的主要农业项目机械化水平仅为 22%。

第二，农机产品片面倾向小型化。近年来小型农机产品发展非常迅速，1989 年小型拖拉机台数为大中型拖拉机的 7.71 倍，动力为大中型拖拉机的 2.08 倍，小型机引农具为大中型农具的 6.08 倍。这种情况的产生是农民在目前经济水平和农机产品价格政策下做出选择的必然结果。这种选择在一段时期内是不可避免的，但就整个农业机械化的发展而言，这种选择带来了许多不利的影响。首先，小型拖拉机的大幅度增加，使柴油消耗增加，加剧了农用柴油的严重不足。我国小型拖拉机耗油率比大中型拖拉机高 15 克/千瓦·小时，在全国范围内小型拖拉机将比同功率的大中型拖拉机每小时多耗农用柴油 876.6 吨。如果按每天工作 8 小时、全年工作 150 天计算，那么一年将多耗 105.2 万吨柴油。其次，就单位功率而言，小型拖拉机的材料消耗也高于大中型拖拉机。在我国目前生产的各类机型中，小型拖拉机单位功率消耗原材料比大中型拖拉机高 6.8—40.8 公斤/千瓦，如果按平均值 23.8 公斤/千瓦计，1989 年生产小型拖拉机比生产同功率的大中型拖拉机多消耗原材料

139.08 万吨。另外，小型农机产品的大幅度增加，使农业机械化经济效益降低。由此可见，小型农机具的片面发展，不仅会使农用柴油供应日趋紧张，同时也加重了钢铁等原材料工业的负担，影响其他经济部门的发展。

第三，用于从事非农业运输的小型拖拉机超常增加，超过了从事农业运输业和农田作业的应用量。小型拖拉机从事运输，不论是效率还是经济效益都不如农用运输车和专用运输车。这种超常增长一方面加大了公路压力，使交通事故增加；另一方面，与其他运输业争业务。上述情况说明了我国农机化发展宏观配置严重不合理，必须加强调控，制定选择性发展农机化的宏观调控政策。

二 选择性发展农机化指标及其显著性检验

农业自然条件及农村经济水平对农业机械化的发展有着重要的影响。在农业自然条件中，地形地貌是一个相对稳定的因素，在很大程度上制约着农业机械化的发展，而每个农业劳动力负担的耕地面积是一个变动因素，这种变动往往会引起农业机械化水平的变动。农村经济水平通常是用农民人均纯收入来衡量，它也是不断变化并引起农业机械化水平变化的因素。除此之外，还有一个重要因素——农产品商品率，这个因素以前不为人们所重视。农业机械化实质上是农机产品作为商品能量输入农业，对农业进行技术改造的过程。这种输入必须依靠商品农产品从农业中输出得到补偿，才能维持系统平衡。因此农产品商品率也是农业机械化发展的目标之一。

1. 有关指标的计算

（1）农业机械化水平

农业机械化水平是一个综合指标，鉴于目前我国统计资料的局限性，只能以主要农业作业（耕作、播种、收获）的机械化水平来代表整个农业机械化水平。就此三项作业而言，各地的数量各不相同，为了便于比较，我们采用了标准亩这一概念，按照各自的标准亩折合系数，将三项作业折合成标准亩，然后据此求出这三项作业的综合系数，将三项作业折合成标准亩，然后据此求出这三项作业的综合机械化水平。按照国家有关部门统一规定的标准亩折合系数，我们对三项作业的标准亩系数取值如下：

① 耕地 1 亩 = 1.00 标准亩；

② 播种 1 亩 = 0.35 标准亩；

③ 收获 1 亩 = 0.70 标准亩。

农业机械化水平（%）＝三项作业机械化量（标准亩）/三项作业量（标准亩）×100%

下面以 1982 年为例说明具体计算方法。如表 2-1 所示。按照同样方法，我们计算出统计资料完整的 1983 年、1987 年、1988 年、1989 年的农业机械化水平如表 2-2 所示。

表 2-1　　　　　　　1982 年全国各地农业机械化水平计算表

代号及公式 地区	机械化作业量（亩）			总作业量（万亩）			机械化水平（%）
	耕	播	收	耕	播	收	
	(1)	(2)	(3)	(4)	(5)	(6)	$\dfrac{(1)\times1+(2)\times0.35+(3)\times0.7}{(4)\times1+(5)\times0.35+(6)\times0.7}$
北　京	483.0	348.8	55.3	635.6	962.9	962.9	39.10
天　津	572.0	138.0	11.0	691.5	914.9	914.9	38.01
河　北	4566.5	1595.0	309.3	9963.3	12902.5	12902.5	22.68
内蒙古	1343.7	710.4	388.3	7667.2	6961.8	6961.8	12.45
辽　宁	2795.7	684.5	0.9	5498.0	5679.4	5679.4	26.49
吉　林	1979.7	1484.2	18.3	6074.1	6098.4	6098.4	20.13
黑龙江	9383.4	6050.6	3570.8	13084.7	12718.3	12718.3	52.96
上　海	479.2	10.0	26.4	527.6	1138.6	1138.6	29.08
江　苏	4402.0	477.8	108.0	6948.7	12938.4	12938.4	22.62
浙　江	1278.2	0	11.3	2726.4	6938.7	6938.7	12.85
安　徽	1147.7	93.8	56.4	6657.5	12010.1	12010.1	6.60
福　建	530.3	0.6	22.0	1926.3	3704.2	3704.2	9.15
江　西	720.3	7.7	8.4	3579.9	8294.6	8294.6	5.93
山　西	2267.0	323.9	23.0	5818.0	6161.3	6161.3	19.50
山　东	6042.8	2083.3	442.4	10803.0	15469.9	15469.9	26.18
河　南	3549.1	551.1	184.8	10663.6	16613.9	16613.9	13.77
湖　北	1439.6	158.6	104.1	5576.0	11191.0	11191.0	9.05
湖　南	523.1	7.7	9.6	5126.2	11954.4	11954.4	3.01
广　东	1165.4	2.7	13.1	4738.4	9599.9	9599.9	7.93
广　西	893.0	4.1	5.5	3947.2	7215.5	7215.5	7.80
四　川	1135.4	29.9	13.1	9847.2	18197.3	18197.3	4.00
贵　州	12.9	0.1	0	2855.0	4399.6	4399.6	0.17
云　南	232.2	3.7	10.9	4267.2	5952.7	5952.7	2.29
西　藏	76.5	47.1	10.9	341.5	327.8	327.8	14.69
陕　西	1347.6	980.7	35.5	5662.9	7109.0	7109.0	13.07
甘　肃	840.1	356.6	114.8	5346.2	5116.3	5116.3	9.75

续表

项目 代号及公式 地区	机械化作业量(亩)			总作业量(万亩)			机械化水平(%)
	耕	播	收	耕	播	收	$\dfrac{(1)\times1+(2)\times0.35+(3)\times0.7}{(4)\times1+(5)\times0.35+(6)\times0.7}$
	(1)	(2)	(3)	(4)	(5)	(6)	
青 海	222.1	175.2	85.9	872.7	758.4	758.4	20.58
宁 夏	209.6	148.7	28.3	1295.4	1209.9	1209.9	10.97
新 疆	2994.5	2463.5	1116.6	4780.6	4493.8	4493.8	48.83

资料来源:《中国农业年鉴》(1983年)。

表2-2　　　　　　　　有关年度全国各地农业机械化水平　　　　单位:%

年度 地区	1982	1983	1987	1988	1989
北 京	39.1	39.1	41.57	45.04	47.53
天 津	38.01	33.35	40.89	45.92	47.57
河 北	22.68	19.89	26.32	28.7	31.26
山 西	19.5	20.22	27.4	28.13	28.04
内蒙古	12.45	11.78	15.78	18.53	20.63
辽 宁	20.49	24.84	29.97	32.56	32.75
吉 林	20.13	15.7	22.47	22.85	25.71
黑龙江	52.96	49.28	45.67	45.89	47.35
上 海	29.08	29.85	28.93	32.92	35.11
江 苏	22.62	24.19	28.02	29.52	30.72
浙 江	12.85	11.84	12.04	12.74	12.86
安 徽	6.6	6.93	12.88	14.5	13.29
福 建	9.15	9.33	9.75	9.95	10.4
江 西	5.93	4.54	5.81	7.18	7.21
山 东	26.18	26.15	31.77	34.12	37.05
河 南	13.77	13.99	19.54	23.88	27.03
湖 北	9.05	7.42	4.76	8.63	9.8

续表

地区 ＼ 年度	1982	1983	1987	1988	1989
湖　南	3.01	3.5	4.34	5.4	5.92
广　东	7.93	8.9	8.48	8.26	8.46
广　西	7.8	8.31	8.31	8.74	8.55
四　川	4	3.37	2.8	2.96	3.04
贵　州	0.17	0.12	0.11	0.23	0.32
云　南	2.29	2.78	3.05	4.65	5.07
西　藏	14.69	12.99	6.42	6.43	7.46
陕　西	13.07	11.63	21.45	23.41	25.11
甘　肃	9.75	9.09	12.99	11.8	14.08
青　海	20.58	19.45	21.82	23.26	24.17
宁　夏	10.97	12.06	18.32	19.57	21.2
新　疆	48.83	51	50.67	53.8	55.83

资料来源:《中国农业年鉴》(1983 年)、《中国农业年鉴》(1984 年)、《中国农业年鉴》(1988 年)、《中国农业年鉴》(1989 年)、《中国农业年鉴》(1990 年)。

(2) 每个农业劳动力负担的耕地面积

根据有关统计资料求得此组数据如表 2-3 所示。

表 2-3　　　　全国各地每个农业劳动负担的耕地面积　　　　单位:亩

地区 ＼ 年度	1982	1983	1987	1988	1989
北　京	4.71	4.62	7.36	7.71	7.46
天　津	5.05	4.93	7.32	7.48	7.27
河　北	5.7	5.65	6.07	5.99	5.77
山　西	8.8	8.7	9.75	9.53	9.24
内蒙古	19.94	16.39	15.87	15.95	15.92
辽　宁	8.91	8.47	8.96	9.01	8.77

续表

年度 地区	1982	1983	1987	1988	1989
吉　林	18.64	15.88	13.36	12.1	11.42
黑龙江	33.28	32.05	30.06	32	29.73
上　海	2.42	2.54	5.79	6.16	6.38
江　苏	3.49	3.47	4.24	4.23	4.07
浙　江	1.98	1.94	2.08	2.07	1.98
安　徽	3.91	3.81	3.74	3.64	3.52
福　建	2.74	2.72	2.57	2.52	2.48
江　西	3.91	3.85	3.33	3.28	3.13
山　东	4.32	4.24	4.39	4.32	4.22
河　南	4.24	4.19	4.05	3.96	3.85
湖　北	3.83	3.81	3.89	3.8	3.68
湖　南	2.56	2.52	2.44	2.37	2.25
广　东	2.49	2.43	2.6	2.58	2.54
广　西	2.91	2.81	2.56	2.53	2.5
四　川	2.6	2.53	2.41	2.36	2.28
贵　州	2.9	2.82	2.51	2.39	2.28
云　南	3.36	3.32	3.03	2.95	2.88
西　藏	4.09	4.16	3.93	3.95	3.85
陕　西	6.33	6.16	5.96	5.66	5.52
甘　肃	9.38	9.12	8.43	7.99	7.89
青　海	8.01	7.84	7.76	7.62	7.36
宁　夏	12.78	11.84	10.52	10.32	10.06
新　疆	20.34	18.43	17.79	17.72	17.51

资料来源:《中国农业年鉴》（1983 年、1984 年、1988 年、1989 年、1990 年），《中国统计年鉴》（1983 年、1984 年、1988 年、1989 年）。

（3）农产品商品率

农产品商品率是指农产品除了生产者自己消费（包括生产消费）的部分以外，用来出售的那一部分产品占产品总量的比例。根据统计资料提供的数据，我们采用农民人均出售粮食产量之比的百分数来代表农产品商品率。这种计算方法对于粮食区是比较符合实际的，而对于非粮食区则只能是近似的。考虑到目前以至今后相当长的一段时间内，种植业机械化仍是农业机械化的重点，所以，对于农业机械化水平的关系而言，用此数据来反映是比较贴切的。为了与农业机械化水平相对应，我们选用统计数据完整的 1987 年、1988 年、1989 年来进行计算，计算结果如表 2－4 所示。

表 2－4　　　　**全国各地有关年度农产品（粮食）商品率**　　　　单位:%

地区 \ 年度	1987	1988	1989	地区 \ 年度	1987	1988	1989
北京	25.54	26.35	29.42	河南	24.11	25.26	26.51
天津	22.31	23.90	25.30	湖北	35.64	32.41	36.87
河北	22.26	23.67	24.53	湖南	20.93	19.50	21.64
山西	22.53	22.09	23.15	广东	19.78	17.96	20.49
内蒙古	28.35	26.64	28.70	广西	14.09	13.79	14.82
辽宁	45.66	47.24	49.32	四川	17.43	16.03	18.68
吉林	53.41	63.26	53.11	贵州	11.62	10.42	11.08
黑龙江	37.41	46.83	56.36	云南	13.85	13.96	14.57
上海	23.35	25.34	27.30	西藏	9.04	8.79	9.86
江苏	31.31	29.36	31.94	陕西	18.89	19.94	20.69
浙江	26.75	25.20	26.26	甘肃	14.43	13.96	14.19
安徽	35.73	35.39	36.87	青海	18.16	17.92	19.21
福建	21.12	19.72	21.56	宁夏	36.73	39.16	40.03
江西	30.22	27.93	32.40	新疆	37.09	37.46	37.80
山东	22.68	21.96	24.30				

资料来源:《中国农业年鉴》(1988 年、1989 年、1990 年)。

（4）农民人均纯收入

农民人均纯收入可以基本反映一个地区的农村经济水平，为了与农业机械化水平相对应，我们直接采用 1982 年、1983 年、1987 年、1988 年、1989 年的统计数据，见表 2-5。

表 2-5 　　　　　　　　全国各地农民人均纯收入 　　　　　　　　单位：元

地区＼年度	1982	1983	1987	1988	1989
北　京	443	519.48	916.38	1062.55	1230.56
天　津	326	411.69	749.41	891.6	1020.25
河　北	236	298.07	444.4	546.62	589.4
山　西	227	257.78	376.87	438.73	513.87
内蒙古	273	294.3	388.77	477.79	477.5
辽　宁	334	452.46	599.25	699.58	740.22
吉　林	333	462.47	523.09	627.54	623.96
黑龙江	250	387.72	474.46	553.26	535.19
上　海	530	562.97	1059.21	1300.96	1379.87
江　苏	309	357.47	626.48	796.76	875.7
浙　江	346	358.86	725.13	902.36	1010.72
安　徽	269	304.64	429.26	485.53	515.66
福　建	268	301.09	484.88	613.41	697.34
江　西	270	301.76	429.29	488.16	558.64
山　东	304	367.8	517.69	583.74	630.56
河　南	217	272.05	377.72	401.32	457.06
湖　北	286	299.25	460.66	497.84	517.84
湖　南	284	315.67	471.3	515.35	558.34
广　东	382	395.92	644.71	808.7	955.02

续表

年度 地区	1982	1983	1987	1988	1989
广　西	235	261.69	353.95	424.23	483.04
四　川	256	258.39	369.46	448.85	494.07
贵　州	223	22.87	341.84	397.74	430.34
云　南	232	226.64	364.57	427.72	477.89
西　藏			348.39	874.41	397.25
陕　西	218	236.14	329.47	404.14	433.67
甘　肃	174	213.06	296.14	339.88	365.89
青　海	201	252.45	382.71	492.82	457.52
宁　夏	229	288.72	382.71	472.48	521.9
新　疆	277	307.28	452.72	496.49	545.61

资料来源:《中国农业年鉴》(1983 年、1984 年、1988 年、1989 年、1990 年)。

2. 各因素与农业机械化水平的相关关系

（1）每个农业劳动力负担的耕地面积与农业机械水平

人们普遍认为，在人少地多的地方需要发展农业机械化，以解决农业劳动力的不足并保证农业的稳产增产，这只是一个定性的概念，根据这一概念很难确定劳动关系对农业机械化到底有多大的影响、它们之间存在什么关系、在哪种水平下需要较高的农业机械化水平，为此，我们需要进行定量分析。为了简化分析计算，同时又保证分析结果具有代表性，我们采用分组分析法。具体方法我们以 1982 年的数据列表计算予以说明，见表 2-6。

表2-6　　　　　　　1982年全国各地每个农业劳动力负担耕地面积与

农业机械化水平分组计算表

项目 地区	劳均耕地 面积（亩）	机械化水 平（%）	分组号	平均劳均耕 地面积（亩）	平均机械 化水平（%）
黑龙江	33.28	52.96	1	20.40	29.07
新　疆	20.34	48.83			
吉　林	18.64	20.13			
内蒙古	16.94	12.45			
宁　夏	12.78	10.97			
甘　肃	9.38	9.75	2	8.29	17.88
辽　宁	8.91	26.49			
山　西	8.80	19.50			
青　海	8.01	20.58			
陕　西	6.33	13.07			
河　北	5.70	22.68	3	4.80	27.95
天　津	5.05	38.01			
北　京	4.71	39.10			
山　东	4.32	26.18			
河　南	4.24	13.77			
西　藏	4.09	14.96	4	3.85	11.66
江　西	3.91	5.93			
安　徽	3.91	6.60			
湖　北	3.83	9.05			
江　苏	3.49	22.62			
云　南	3.36	2.29	5	2.90	4.68
广　西	2.91	7.80			
贵　州	2.90	0.17			
福　建	2.74	9.15			
四　川	2.60	4.00			

地区 \ 项目	劳均耕地面积（亩）	机械化水平（%）	分组号	平均劳均耕地面积（亩）	平均机械化水平（%）
湖　南	2.56	3.01			
广　东	2.49	7.93	6	2.35	10.00
上　海	2.42	29.08			
浙　江	1.98	12.85			

资料来源：表2-1、表2-2。

按照同样的方法我们可以计算出 1983 年、1987 年、1988 年、1989 年各年度农业劳动力所负担的耕地面积与农业机械化水平分组关系数据，其结果见表2-7。

我们可以求出二者的关系方程——回归方程。设 y 代表农业机械化水平（%），x 代表每个农业劳动力所负担的耕地面积（亩），则

$$y = 1.33x + 9.77$$

设：$S_{xx} = \sum_{i=1}^{30} x_i^2 - n\overline{x^2}$

$S_{yy} = \sum_{i=1}^{30} y_i^2 - n\overline{y^2}$

$S_{xy} = \sum_{i=1}^{30} x_i y_i - n\overline{xy}$

则相关系数为：$R = \dfrac{S_{xy}}{\sqrt{S_{xx}S_{yy}}} = 0.7$

显著性系数为：$F = \dfrac{(n-2)R^2}{1-R^2} = \dfrac{(30-2) \times 0.7^2}{1-0.7^2} = 26.9$

如果取置信度为95%，则 F 临界值为：

$F_{0.05}$ （1，28） $=4.20$

R 临界值为 $R_{0.05}$ （28） $=0.362$

显然 $R > R_{0.05}$ （28）

$F > F_{0.05}$ （1，28）

这表明 x 与 y 之间存在线性关系且 x 对 y 有显著性影响。但我们也看到 x 与 y 之间并不完全呈线性关系，还有一定偏离，表 2-7 中的数据也说明了这一点。

（2）农民人均收入与农业机械化水平

在农村经济体制改革以后，国家逐步取消了无偿向农民提供农业机械的做法，而代之以在农机工业产品低价格的条件下依靠农民自己的经济力量发展农业机械化，在这种情况下，农业机械化的发展在很大程度上将受到农村经济发展水平的制约。下面我们进行定量分析。

我们仍采用表 2-6、表 2-7 的分组方法，按农民人均收入高低分为六组，并分别计算出对应的平均每组人均收入及农业机械化水平，其结果如表 2-8 所示。

设 y 为农业机械化水平（%），x 为农民人均纯收入（元），则分析模型为：

$y = 0.038x + 1.79$

同理可求得相关系数：$R = 0.95$

显著性系数：$F = 259.18 > > F_{0.05}$ （1，28） $=4.20$

计算说明，农村经济发展水平与农业机械化水平具有较强的线性相关关系，且农村经济发展水平对农业机械化水平有显著影响。

表2-7　各有关年度全国农业劳动力耕地面积与农业机械化水平分组相关数据

年度 项目 组号	1982		1983		1987		1988		1989	
	劳均耕地（亩）	机械化水平（%）	劳均耕地（亩）	机械化水平（%）	劳均耕地（亩）	机械化水平（%）	劳均耕地（亩）	机械化水平（%）	劳均耕地（亩）	机械化水平（%）
1	20.4	29.07	18.92	27.95	17.52	30.58	17.62	32.13	16.93	34.14
2	8.29	17.88	8.06	17.05	8.45	26.75	8.37	28.17	8.14	28.32
3	4.80	27.95	4.73	26.50	5.91	29.87	5.92	33.01	5.83	35.22
4	3.85	11.66	3.82	11.22	3.97	14.32	3.92	16.55	4.39	17.66
5	2.90	4.68	2.84	10.00	2.82	7.26	2.77	7.76	2.71	7.94
6	2.35	10.00	2.36	6.90	2.36	5.00	2.30	5.33	2.20	5.54

资料来源：表2-2、表2-3。

表2-8　各有关年度全国农民人均纯收入与农业机械化水平分组相关数据

年度 项目 组号	1982		1983		1987		1988		1989	
	人均纯收入（元）	机械化水平（%）	人均纯收入（元）	机械化水平（%）	人均纯收入（元）	机械化水平（%）	人均纯收入（元）	机械化水平（%）	人均纯收入（元）	机械化水平（%）
1	405	23.09	483	28.57	819	26.38	993	28.98	1119	30.31
2	312	23.19	374	24.07	550	24.40	664	25.80	714	27.33
3	275	15.36	306	15.06	461	26.36	526	21.39	565	22.00
4	249	19.32	290	13.02	403	14.92	487	23.66	516	22.18
5	226	9.20	259	10.75	369	13.27	429	13.58	471	17.09
6	197	14.64	225	6.95	322	12.21	380	11.97	410	13.17

资料来源：表2-2、表2-5。

六组省区分别如下:

第1组:上海、北京、广东、辽宁、浙江;

第2组:吉林、天津、江苏、山东、湖北;

第3组:湖南、新疆、内蒙古、江西、安徽;

第4组:福建、四川、黑龙江、河北、广西;

第5组:云南、山西、宁夏、贵州、陕西;

第6组:河南、青海、甘肃、西藏。

(3)农产品商品率与农业机械化水平

农产品商品率反映了农业生产者出售农产品与自己消费农产品之间的关系,农产品商品率的提高,表明生产者自己消费农产品份额的下降。在生产者自己消费量一定的情况下,农产品商品率是随着农业生产者所生产农产品总量的增加而增加的。农业机械化水平的提高,一方面可以在农业生产者自己消费农产品量不变的情况下通过提高农产品总量而提高农产品商品率;另一方面则在农产品总量不变的情况下,通过劳动力转移增加每个农业劳动力负担的耕地面积,从而减少农业生产者自己消费农产品的比重来提高农产品商品率,而后一点则是农业机械化发展的要求。由此可见,农业机械化水平与农产品商品率之间必然存在正相关关系。尽管这种关系目前尚不被人们所重视,但最终将制约并影响着农业机械化的发展。下面我们对这一关系进行分析。

我们仍采用分组方法,按农产品商品率的高低依次分为六组,分别计算出对应的平均每组农产品商品率及农业机械化水平,其结果如表2-9所示。

表2-9　有关年度全国农产品商品率与农业机械化水平分组相关数据

年份 项目 组号	1987		1988		1989	
	农产品商品率（%）	农机化水平（%）	农产品商品率（%）	农机化水平（%）	农产品商品率（%）	农机化水平（%）
1	42.06	33.42	46.79	34.93	47.32	36.57
2	32.25	13.45	30.31	15.63	33.50	21.71
3	24.60	25.68	25.21	32.10	26.81	28.73
4	21.91	22.83	21.48	24.39	23.04	22.13
5	17.78	13.51	17.01	10.34	18.78	13.88
6	13.19	4.12	12.72	4.54	13.28	6.49

资料来源：表2-2、表2-4。

设 y 为代表农业机械化水平（%），x 为代表农产品商品率（%），则求出其模型为：

$$y = 0.57x + 5.33$$

相关系数：$R = 0.85$

显著性系数：$F = 41.66 > F_{0.05}(1, 16) = 4.49$

分析其结果表明，农产品商品率与农业机械化水平具有相关关系，并对农业机械化水平具有显著影响。

3. 三个因素对农业机械化的综合作用

前面对各个因素进行单独分析，目的在于确定所选因素是否正确，是否对农业机械化发展存在重要影响。通过前面的分析已经证实了这一点。现在需要进一步考察这三个因素对农业机械化水平的综合影响程度及因素之间的影响显著性排列，从而为选择性发展农业机械化提供理论依据。

在进行此项分析时，每个农业劳动力负担的耕地面积、农民人均纯收入及农产品商品率均为自变量，农业机械化水平为因变量，对应于各组自变量，有一个确定的因变量，因此，我们将农业机械化水平由高到低依次分为六组，然后分别求出各组对应的三个自变量。为便于比较，选择资料较全的 1987 年、1988 年及 1989 年进行分析。计算结果如表 2 - 10 所示。

设 y 为农业机械化水平（%），

x_1 为农产品商品率（%），

x_2 为劳均耕地面积（亩），

x_3 为农民人均纯收入（元）；

设统计模型为：$y = \beta_0 + \beta_1 x_1 + \beta_2 x_2 + \beta_3 x_3$，

X 代表自变量矩阵，

Y 代表因变量矩阵，

β 代表系数矩阵，则其矩阵方程为：

$(X'X) \beta = X'Y$

其中 X′ 为 X 的转置矩阵。

表 2 - 10   三个因素的综合作用与农业机械化水平

年度 项目 组 号	1987				1988				1989			
	农业机械化水平（%）	农产品商品率（%）	劳均耕地（亩）	人均纯收入（元）	农业机械化水平（%）	农产品商品率（%）	劳均耕地（亩）	人均纯收入（元）	农业机械化水平（%）	农产品商品率（%）	劳均耕地（亩）	人均纯收入（元）
1	40.13	29.01	13.38	622	44.95	29.30	13.85	717	47.07	34.64	13.27	792
2	28.13	29.22	6.76	621	30.37	29.54	6.98	757	31.37	31.92	5.78	808

年度 项目 组号	1987				1988				1989			
	农业机械化水平（%）	农产品商品率（%）	劳均耕地（亩）	人均纯收入（元）	农业机械化水平（%）	农产品商品率（%）	劳均耕地（亩）	人均纯收入（元）	农业机械化水平（%）	农产品商品率（%）	劳均耕地（亩）	人均纯收入（元）
3	20.72	30.26	8.33	399	22.59	32.77	7.93	480	24.45	31.24	8.71	510
4	12.67	25.28	6.54	465	13.50	24.14	6.36	568	14.25	25.52	6.36	613
5	6.34	24.12	2.96	405	7.60	22.32	2.91	547	7.99	25.24	2.82	625
6	2.29	14.30	2.65	359	2.61	13.47	2.57	425	2.81	14.78	2.48	467

资料来源：表 2-2、表 2-3、表 2-4、表 2-5。

$$
X = \begin{bmatrix}
29.01 & 13.38 & 622 \\
29.22 & 6.67 & 621 \\
30.26 & 8.33 & 399 \\
25.28 & 6.54 & 465 \\
24.12 & 2.96 & 405 \\
14.30 & 2.65 & 359 \\
29.30 & 13.85 & 717 \\
29.54 & 6.98 & 757 \\
32.77 & 7.93 & 485 \\
24.14 & 6.36 & 568 \\
22.32 & 2.91 & 547 \\
13.47 & 257 & 425 \\
34.64 & 13.27 & 792 \\
31.92 & 5.78 & 808 \\
31.24 & 8.71 & 510 \\
14.25 & 6.36 & 613 \\
25.24 & 2.82 & 625 \\
14.78 & 2.48 & 467
\end{bmatrix}
\qquad
Y = \begin{bmatrix}
40.13 \\
28.13 \\
20.27 \\
12.67 \\
6.34 \\
2.29 \\
44.95 \\
30.37 \\
22.59 \\
13.50 \\
7.60 \\
2.61 \\
47.07 \\
31.37 \\
24.45 \\
14.25 \\
7.99 \\
2.81
\end{bmatrix}
$$

$$X' = \begin{bmatrix} 29.01 & 29.22 & 30.26 & 25.28 & 24.12 & 14.30 & 29.30 \\ 29.54 & 32.77 & 24.14 & 22.32 & 13.47 & 34.64 & 31.92 \\ 31.24 & 14.25 & 25.24 & 4.78 \\ 13.38 & 6.67 & 8.33 & 6.54 & 2.96 & 2.65 & 13.85 & 6.98 \\ 7.93 & 6.36 & 2.91 & 2.57 & 13.27 & 5.71 & 8.71 & 6.36 \\ 2.82 & 2.48 \\ 622 & 621 & 399 & 465 & 405 & 359 & 717 & 757 & 480 & 568 \\ 547 & 425 & 792 & 808 & 510 & 613 & 625 & 467 \end{bmatrix}$$

$$(X'X) = \begin{bmatrix} 12805.27 & 3423.74 & 273145.53 \\ 3423.74 & 1051.53 & 72793.97 \\ 273145.53 & 72793.97 & 6085564.00 \end{bmatrix}$$

求解矩阵方程得：

$$\beta = \begin{bmatrix} \beta_0 \\ \beta_1 \\ \beta_2 \\ \beta_3 \end{bmatrix} = \begin{bmatrix} -24.81 \\ 0.34 \\ 2.50 \\ 0.034 \end{bmatrix}$$

从而所求模型为：$y = 0.34x_1 + 2.50x_2 + 0.034x_3 - 24.81$

设：$U = \sum_{i=1}^{18} (\hat{y}_i - \bar{y})^2$

$Q = \sum_{i=1}^{18} (y_i - \hat{y}_i)^2$

其中：

y_i是由公式计算出来的农业机械化水平（%），$\hat{y}_i$是农业机

械化实际水平（％），$\bar{y}$ 是总的平均农业机械化水平（％），

则：$F = \dfrac{U/k}{Q/(n-k-1)}$

k：自变量个数　k = 3

n：变量水平数　n = 18

根据表 2 – 10 数据可以求得：

F = 103. 39

如果取置信度为 95％，则 F 临界值为：

$F_{0.05}$（k，n – k – 1）= $F_{0.05}$（3，14）= 3. 74

由此可见 F＞＞$F_{0.05}$（3，14）

即表明 y 与 x_1、x_2、x_3 之间存在线性关系，且 x_1、x_2、x_3 对 y 具有极显著的影响。

下面来确定 x_1、x_2、x_3 的显著性大小，即此三个因素中，哪个更重要一些。

$$(X'X)^{-1} = \begin{bmatrix} 0.0024382 & -0.0021104 & -0.0000842 \\ -0.002114 & 0.0073640 & -0.0000069 \\ -0.0000842 & 0.0000069 & 0.0000039 \end{bmatrix}$$

设 F_j 表示 x_j 因素的显著性，j = 1，2，3…

则：$F_j = \dfrac{\hat{\beta}_j^2 / a_{jj}}{Q/(n-k-1)}$

其中，β_j 为统计模型中与 X_j 对应的系数，a_{jj} 为 $(X'X)^{-1}$ 矩阵中与 j 相应的系数。

在公式中，分母为一定数，因此只比较分子即可，列出计

算数据如下：

$$\hat{\beta}_1 = 0.34 \qquad a_{11} = 0.0024382$$

$$\hat{\beta}_2 = 2.50 \qquad a_{22} = 0.0073640$$

$$\hat{\beta}_3 = 0.34 \qquad a_{33} = 0.0000039$$

$$\frac{\hat{\beta}_1^2}{a_{11}} = 47.41 \qquad \frac{\hat{\beta}_2^2}{a_{22}} = 848.72 \qquad \frac{\hat{\beta}_3^2}{a_{33}} = 296.41$$

比较可得：

$$\frac{\hat{\beta}_2^2}{a_{22}} > \frac{\hat{\beta}_3^2}{a_{33}} > \frac{\hat{\beta}_1^2}{a_{11}} \qquad 即有 \ F_2 > F_3 > F_1$$

通过以上分析，可以得出如下结论：就 1987 年、1988 年、1989 年的实际情况而建立的数学模型中，农业劳动力所负担的耕地面积、农民人均纯收入及农产品商品率三个因素的综合作用对农业机械化水平具有极其显著的影响，基本上可以认为这三个因素的综合作用决定了农业机械化水平。但就各因素的显著性来考察，农业劳力所负担的耕地面积的显著性强些，这与我国目前农村商品经济还不发达，农业生产还停留在解决吃饭问题这一实际情况是基本符合的。

三　农业机械化发展的选择策略

农业机械化发展的选择策略的确定取决于理论分析的结果，即取决于所确定的影响农业机械化发展的诸因素及其显著程度。

1. 地域性选择

所谓地域性选择，即农业机械化应先在哪些地域发展、后在哪些地域发展，其选择主要有以下层次。

（1）第一层次——每个农业劳动力所负担的耕地面积

从前面的分析已经知道，每个农业劳动力所负担的耕地面积对农业机械化水平的影响最为显著，因此，应把它作为选择的第一因素。因此，在每个农业劳动力负担耕地面积很大的地方发展农业机械化，以弥补农业劳动力的不足，从而保证农业的增产增收，这是现阶段发展农业机械化的首要问题。

（2）第二层次——农民人均纯收入（农村经济水平）

农民人均纯收入是影响农业机械化发展水平的第二个重要因素，在进行农业机械化发展的地域性选择时，必须予以考虑。在国家取消了无偿向农民提供农业机械后，农业机械化事业主要由农民自主兴办，依靠自己的经济力量来发展农业机械化。在这种情况下，农村经济水平对农业机械化的发展必然起制约作用。在经济发达地区，农民有一定经济实力，可能购买农业机械，而在落后地区，即使农民有购买愿望，但往往也因经济条件的约束而难以实现，这是一种自然选择。而国家在选择策略时，必须考虑这种自然趋势。在每个农业劳动力所负担的耕地面积不大、不需要用农业机械来补充劳力的不足，以及劳均耕地面积比较接近的不同地区，主要是考虑物化劳动代替活劳动的经济性，因而应当选择经济水平较高的地区进一步发展，以提高农业机械化的经济效益。

（3）第三层次——农产品商品率

提高农产品商品率是农村经济发展的必然产物，也是农机产品输入农业后应当产生的结果。但是，在我国目前农村商品经济还不发达的情况下，农产品商品率还不是发展农业机械化的首选要素，仅仅是一种补充性选择。在劳均耕地和农村经济水平比较接近的不同地区，应先选择农产品商品率比较高的地区进行发展，这样能提高农业机械的投资效果。

2. 项目性选择

所谓项目性选择，就是在不同的地区选择不同的农业机械化项目，主要按以下层次选择。

（1）第一层次——各地自然条件

在我国，各地自然条件差别很大，但影响农业机械化项目选择的自然条件主要是地形地貌——平原、丘陵、高原及土地规模等。在土地规模较大的平原地区，应选择大型的生产率高的农业机械化项目以提高经济效益。而对于丘陵、高原及土地规模较小的平原地区则应选择小型的农业机械化项目乃至半机械化项目。在易旱或易涝地区，应优先选择排灌机械。

（2）第二层次——农村经济发展水平

在经济发达地区，应当逐步实行主要农作物耕作、播种、收获和加工的全面机械化，以大幅度提高农产品商品率和经济效益。在经济落后地区，特别是人多地少的经济落后地区，则应以脱贫致富为发展农业机械化的暂时目标，因而应当选择发展农用运输机械及农产品加工机械。

（3）第三层次——农作物品种

我国因各地自然条件不同，各地栽培的农作物品种也不同，不同的农作物对机械作业的适应性不同，有些作物适合于机械作业，有些作物目前还只适合于手工及辅助工具作业，加之目前农机产品并不完备，因此各地只能根据当地的作物品种及农机生产的现状，选择合适的农业机械化项目。

（4）第四层次——耕作制度与农艺

发展农业机械化要求农机与农艺相适应，这样才能取得较大的经济效果。我国农业目前仍以传统农业为主，在现阶段以及由传统农业向现代农业的转变过程中，农艺必然也要不断变革，农艺在没有经过科学规范和定型之前，可变性很大，要求农机产品不断适应这种变化是比较困难的，有时甚至是不可能的。因此，必须依据规范和定型的农艺技术，并考虑农机制造的可能来选择合适的农业机械化项目，按照耕作制度的要求，农机项目的选择应当是生产急需的，同时要考虑人力、畜力、机械负荷的合理分配。

3. 合理的农业机械化水平

各地自然条件差别很大，不可能在相同的时间达到同一的机械化水平。这不仅是不可能的，也是不必要的。在相当长的时期内，全国各地的农业机械化水平都将存在差异。根据前面的数学模型 $y = 0.34x_1 + 2.5x_2 + 0.034x_3 - 24.81$ 加以适当修整，我们就可以预测出各地合理的机械化水平。按照这个方程，我们可以这样定义合理的农业机械化水平：生产上急需（劳均耕地面积 x_2 确定），经济上可行（农民人均纯收入 x_3 确定），经济效益高（农产品商品率 x_1 确定）的农业机械化水平。离开了这个前提，盲目追求高的农业机械化水平将导致以下几种情况。

（1）超过劳均耕地需求，农机具利用率低，可能大量闲置；

（2）超过农民经济收入水平实际需要，加重农民负担；

（3）农机产品使用费用超过商品农产品输出所获收益，经济效益差。

由此可见，农业机械化水平并不是越高越好，在一定历史时期，在一定的自然经济条件下，每一个地区应当有一个合理的农业机械化水平。

四　农业机械化选择性发展战略的转变

1. 农业机械化发展阶段的划分

发展战略的转变依赖于对农业机械化不同发展时期的划分。不同时期有不同的任务，应采取不同的方针、政策和措施。

发达国家农业现代化大体可划分为三个不同阶段。

第一阶段：农业现代化的起步和初级阶段。这个阶段的主要任务是生产更多的粮食,使粮食产量过关,以满足工业及整个国民经济发展的需要。由于各国的具体情况不同,采取的措施也不同,人少地多的国家通过提高农业劳动生产率来达到目的,而人多地少的国家则通过提高单位面积产量和土地生产率(复种指数)来达到目的。

第二阶段:农业现代化的开始发展时期和基本实现农业现代化的时期。这一时期的主要任务是提高农业劳动生产率。在粮食过关的基础上,随着工业发展,一方面农业劳动力转向工业,另一方面工业又进一步武装农业。在此情况下,为了提高农业劳动生产率,主要是通过增加物化投资。这样在农业中出现了平均农业劳动占有的固定资产一般超过工业的状况。

第三阶段:农业现代化大发展和向更高水平发展的时期。这一阶段的主要任务是协调经济、技术体系和自然三者之间的关系,使三者很好地结合,以达到最大的经济效果。

农业机械化是农业现代化的一个重要内容,是农业现代化的根本标志之一。正如马克思所指出的,"劳动资料不仅是人类劳动力发展的测量器,而且是劳动者借以进行的社会关系的指示器,在劳动资料中,机械性的劳动资料……更能显示一个社会生产时代的具有决定意义的特征"[1]。与农业现代化各个发展时期相适应,农业机械化也可以划分为不同的阶段。根据我国农业机械化发展的实际情况以及前面的理论分析,我国农业

---

[1] 马克思:《资本论》第1卷,人民出版社1975年版,第204页。

机械化进程也可分为三个阶段。

第一阶段：农业机械化的初级阶段。这一阶段是我国20世纪90年代初期绝大多数地区农业机械化所处的阶段。这一阶段的主要任务是为农村劳动力的转移提供准备，通过农业机械化来保证粮食产量和促进粮食增产增收，保证人民生活及国民经济对粮食的需要。在这一阶段中，劳均耕地面积是影响农业机械化的最显著因素，只有在劳均耕地面积很大的地方，才需要较高的农业机械化水平。

第二阶段：农业机械化的发展阶段。这一阶段的主要任务是扩大农业机械的使用范围和领域。在这一阶段中，必然伴随着对农业机械投资的大幅度增加，而要增加投资必须要有经济实力。因此，在这一阶段中，农村经济发展水平或农民人均收入将成为影响农业机械化水平的最显著因素。因此，只有在农村经济相当发达的地区，才有可能使农业机械化得到较快的发展。在这种情况下，前面的数学模型需要进行修正。

第三阶段：实现农业机械化并向更高水平发展的阶段。在这一阶段，国民经济及工业化都有了极大发展，农村经济水平已经有了很大的提高，农村劳动力也大幅度从农业中转移到其他产业，这时农业机械化的主要任务将是提高农业的经济效益及农业机械化的投资效果。这时，农产品商品率作为农业机械化发展的最终制约因素将居于最显著的地位。马克思指出："如果撇开对外贸易（重农学派为了抽象的考察资产阶级社会，完全正确地这样做了，而且应当这样做），那么很明显，从事加工工业等等而完全脱离农业的工人（斯图亚特称之为'自由人手'）的数目，取决于农业劳动者所生产的超过自己消费的农产品的数量。"[①] 显然，农产品商品率在很大程度上决定了农业劳动力能否转移及转移多少的规模，而农业劳动力的转移又是制约农业机械化的重要因素。

2. 选择性发展战略的转变

发展战略的确定及转变，基于对农业机械化发展所处阶段的认识。不同时期有不同的任务和目标，有不同的制约因素，只有正确认识和合理确定所处阶段，采取相应措施，才能使农业机械化得到合理的宏观配置。

我国是一个自然条件差别很大、经济发展极不平衡的农业大国，经济还不发达，农业经济更为落后，仅仅依靠农民自己的力量来发展农业机械化是不够的，而国家的财力又有限，这就要求决策部门根据不同时期发展农业机械化的客观要求，有选择性地确定资金投向，并依靠政策导向，选定各个时期的重点发展地区。由于历史的和自然、经济的原因，在同一历史时期，我国不同地区将处于农业机械化发展的不同阶段，从而各地区也应有着不同的发展重点。在这种情况下，应根据农业发展阶段、工业化水平及国民经济发展状况进行综合考虑，然后再进行合理考虑。例如，在我国现阶段，有劳均耕地大的地区，有农村经济发达的地区，有农产品商品率高的地区，应当

------

① 《马克思恩格斯全集》第 26 卷第 1 分册，人民出版社 1972 年版，第 22 页。

重点发展哪个地区？根据我国的实际情况，农业还处于现代化初级阶段，粮食产量是农业生产的主要问题，因此应当选择农民劳均耕地大的地区作为重点。由于经济和社会的发展，农业机械化水平将不断提高，农业机械化将由一个阶段进入另一个阶段，这是历史的必然趋势。农业机械化阶段变化了，选择性发展农业机械化的战略必须相应改变。农业机械化主要选择依据的一般转变趋势是：农业劳动力负担的耕地面积→农民人均纯收入→农产品商品率。由于各地条件不同，农业机械化起步不同，采取的方法不同，因而就全国而言，将形成一个有快有慢、有高有低的格局。这样，各地实行战略转变的时机和方法也就会大不相同，必须根据各地具体情况，适时地实现战略转移。

第三章 农业机械化宏观调控基础

农业机械化宏观政策确定以后，必须采取切实有效措施进行调控。按照宏观布置要求，对有利于资源合理配置的农机化技术经济活动采取激励措施，对不利于资源合理配置的行为则采取必要的约束措施，以保证宏观政策的贯彻与实行。农机化要素的分解与分析是正确把握农机化宏观调控方向与力度的基础，本章将对这一问题展开讨论。

一 农业机械化要素分析

农业机械化是一项综合的技术经济活动。按照要素的性质，我们可以对这一活动进行分解，以分析这一活动的不同侧面，从而从整体上把握农业机械化的发展。

1. 农业机械化要素分类

（1）按照技术经济活动内容，农业机械化要素可以分解为技术要素和经济要素。

技术是生产力的范畴。技术活动的内容离不开生产力的基本要素。因此，农业机械化的技术要素从一般意义来说是由物质要素和人力要素构成的。在使用价值形态上，物质产品的生产主要取决于这些要素的结合。生产物质产品的数量则取决于这些要素的有效结合程度。

任何技术活动总是在一定的经济环境中进行并实现一定的经济目的。经济要素的水平必然制约着技术的应用规模和技术要素的结合。在价值形态上，经济要素则反映着技术要素结构的变化和技术要素的稀缺程度。在一定范围内，技术要素的替代必须以经济要素的量化分析为基础。

所以，我们必须从技术要素和经济要素两方面来说明农业机械化的技术经济活动。

（2）从技术经济活动范围来看，农业机械化要素可以分解为工业构成要素和农业构成要素。

农业机械化本质上是工业技术的机械大工业阶段与农业生产的结合。农业机械化离不开在农业生产中广泛运用机器不断替代人畜力。因此，农业机械化作为一个相对独立的系统，既不绝对从属于农业系统也不绝对从属于工业系统，而是这两个系统的包容和融合。产业部门之间的相互渗透是通过相关构成要素的相互作用实现的。

因此，从系统结构和从属关系来划分，农业机械化构成要素主要可分解为工业构成要素和农业构成要素。

2. 农业机械化要素的多层次分解

（1）农业机械化工业构成要素的分解

农机工业的技术要素和经济要素主要包括下列几个方面。

第一，物质要素。

物质要素主要包括劳动资料和劳动手段。对农机工业来说主要是原材料和生产工具。在物质要素中我们不可能包罗万象地分析物质要素的各个组成部分。农机工业的原材料消耗主要是钢材，只有保证这种主要原材料的供应才能保证农机工业的生产。从国家计划来看，农机的钢材消耗量在整个机械工业中占有一定的比例数。因此，在原材料中以钢材的供给量作为一个主要要素来分析。农机工业的生产工具反映着农机工业的总体加工能力和技术水平。农机工业品的生产离不开各种金属加工机床，农机工业部门的金属加工机床拥有量基本可以反映农机产品的生产手段，我们主要考察农机工业部门的金属切削机床的拥有量。

第二，人力要素。

人力要素在数量上取决于从事农机工业生产的职工总数。人力要素的质量取决于职工受正规教育的平均程度和技术培训情况。衡量这一指标的一般方法是计算劳动力的再生产费用。这里假设农机工业工人的受教育程度为工业工人的平均程度。农机工业构成要素的人力要素主要是考虑从事农机工业的职工总数。

第三，经济要素。

选择的经济要素主要是能够反映农机工业的投入水平和农机工业的劳动生产率的变动情况。农机工业投入包括固定资金投入和流动资金的占有量，固定资产原值在价值形态上反映着农机工业的生产能力和技术构成。全员劳动生产率的变动基本反映着农机工业的劳动生产率的变化，所以我们选择这两个经济量作为反映农机工业生产情况的经济要素。

综上所述，农机工业要素从技术、经济两方面考虑，主要可以分解为下列五个要素：

x_1：原材料的钢材消耗量；

x_2：金属加工机床拥有量；

x_3：农机工业职工总数；

x_4：全员劳动生产率；

x_5：固定资产原值。

农机工业要素远远不止这五个要素。选择这五个要素主要是对农机工业供给能力在总量上起界定作用。

（2）农业机械化农业构成要素的分解

农业机械化的农业构成要素同样可以分解为物质要素、人力要素及经济要素。

第一，物质要素。

农业物质要素主要包括农业生产资料和劳动对象。土地是农业的基本生产资料和劳动对象，同时也是农业机械化实施场所和加工对象，不同的土地规模对农业机械化的使用效果和农机的需求量有重大影响。因此，农业物质要素中主要考察土地规模对农机的需求关系。

第二，人力要素。

机械化农业的人力要素主要是指具有一定技术能力的农机操作人员。由于机械化还不是农业的普遍生产方式，从事农机操作的人员必须经过专门的技术培训，所以在农民中对这一部分人员有特殊的技术要求。从整体来看，农民的技术水平是由农村的教育水平决定的。经过专门培训的这一部分农民的劳动力再生产费用高于农村劳动力再生产费用的平均水平。这一要素将通过农机操作人员的工资来反映。

第三，经济要素。

农业机械化需求的经济要素是多方面的。农村剩余劳动力存量、农机化比较经济效益、农村经济水平等对农机化的需求均会产生影响。本书主要是对农机化经济运行过程进行分析，主要考察在农机化项目的实施过程中对农机化的经济效益产生直接影响的经济要素。因为如果农机化在一定条件下能够给农民带来直接的经济效益，那么，无论其他条件如何，都会对农机化产生实际要求。农机化项目也包括很多方面，这主要是同农机化的作用相联系。农机化在减轻自然灾害、提高作业质量、节约活劳动、实施农业技术等方面均有不可替代的作用。在农机化的诸多作用方面，其中农机直接从事农田作业，提高劳动生产率，特别是在抢农时，在减少失时性损失方面具有重要作用。因此，我们主要对这方面的农机化项目进行分析，主要考察的经济量如下。

①农产品价格

农产品价格的高低直接影响到农机产品转移价值的补偿。农产品的可比价格越高，则农机化增产的经济效益越大，也越能激励农机产品直接进入农业生产过程。

②农机产品价格

农机产品的价格高低直接影响农机的使用成本，它具有双重作用：一方面会影响农机工业的供给量，另一方面会影响农机的需求量。因此，农机产品价格在农机化发展机制中起关键作用。在进行要素分析时，联系农产品价格将其作为需求的经济量进行考察。在农机供给方面则以农机产品的合理价格为前提。在价格机制与财政政策专题中，我们将对农机产品价格做专题分析。

③农业劳动者日值

农业劳动者日值直接影响到农业机械化的物化劳动替代的经济界线。一般来说，劳动者日值越高，农机化的可行程度越大。反之，这种可行程度就越低。因此，劳动者日值对农机需求量大小具有影响，影响的程度根据具体的农机化项目而定。

④对农艺要求的说明

农艺要求对农机需求量的影响表现在两方面：一方面，由于农艺农机配合扩大了农机的使用范围，对农机产品产生新的结构性需求；另一方面，由于农艺要求，必须在一定时间内完成一定质量要求的农业作业量，为了提高劳动生产率，减少农业失时性损失和提高劳动质量，保证先进的农艺技术实施而对农机产生需求。农艺要求对不同地区、不同农作物有不同要求。因此，考虑农艺要求对农机产品需求的影响必须联系具体地区具体的作业项目。所以，在农机化的需求方面，我们主要考察下列要素：

　　W：土地规模；

　　P：农产品价格；

　　c：农机的固定成本及社会成本，使用费用；

　　b：农业劳动者日值；

　　δ：农艺要求参数。

　　总之，农业机械化是由诸多要素共同决定的技术经济活动。这些要素之间相互影响、相互作用构成了农机化发展。由于所处的关系及其结合方式的不同，对这些要素的状态水平（质和量）的要求亦不同。要保证农机化常态运行，必须对不同的要素采取不同的调节方式。从经济均衡发展的要求看，农机化常态运行首先在总量上必须保持供给与需求的平衡。农业机械化工业要素的相互作用和结合决定着农机产品的生产能力，也决定着国民经济对农机产品的供给能力。这种供给能力的变化可以通过要素水平的变化来反映。农业机械化的农业构成要素反映着农业机械的合理应用条件。这些要素的结合水平及结合方式决定着农业对农机的需求总量。

二　农业机械化工业要素与农机供给分析

1. 概念与原理

农机工业的供给量可以通过一系列的实物指标（产品的产出量及产品结构）来反映，也可以通过价值指标来反映。为了便于分析，我们选择农机工业产值来反映该部门的供给量。在生产函数中，物质要素的变动可以反映该部门的实际生产产出与要素的相互依存关系。因此，建立技术经济模型，对生产管理是必要的。我们选择产值作为供给分析对象，就必须建立包括物质要素和经济要素在内的产出与要素之间的变动关系，以建立技术经济模型。

产出与要素及各要素之间的关系可以有两种：一种是函数关系，这种关系在于描述变量之间的一一对应关系，要素的量与质是完全确定的；一种是相关关系，对这种关系的分析只有建立在统计学基础上。农机的供给量与要素的关系及供给要素之间的关系只服从统计规律，而不服从一一对应的关系。所以，建立农机供给函数只有对历史资料进行统计分析。也就是说，分析在不同的供给要素水平下，供给量实际是多少。对每年来说，这种关系是一一对应的，但这种关系无法反映要素的变动情况。要考察要素的变动情况只有对若干年的情况进行分析，找出统计规律。

供给函数是对统计规律的反映。通过供给函数一方面可以分析各要素的变动对供给量的影响，另一方面，对各要素之间变动的相互依存关系进行分析，边际分析、边际替换率分析等是常用的方法。

柯布—道格拉斯生产函数广泛应用于要素投入与产出关系分析。实践证明，这种投入分析不仅适用于劳动投入与资本投入和产出之间的关系，而且适用于多元素与产出之间的关系。

前面分析的农机供给要素从物质要素和经济要素两个方面反映了农机供给能力所依存的不同侧面。所以我们选择柯布—道格拉斯函数为模型，以分析这些供给能力的变动情况及要素之间的相互变动所依存的关系。

2. 模型设计

如前所述，农机供给模型如下：

$$y = a x_1^{a_1} x_2^{a_2} x_3^{a_3} x_4^{a_4} x_5^{a_5}$$

式中：

y：农机工业总产值（亿元）；

x_1：农机工业钢材消耗量（亿吨）；

x_2：金属加工机床拥有量（万台）；

x_3：农机工业职工人数（万人）；

x_4：全员劳动生产率（元/人）；

x_5：固定资产原值（亿元）；

a：模型转换系数，一方面进行各要素之间的量纲转换，另一方面进行产出能力的规模界定；

a_1、a_2、a_3、a_4、a_5 为待定系数。

由于：$\dfrac{\partial y}{\partial x_1} = a a_1 x_1^{a_1-1} x_2^{a_2} x_3^{a_3} x_4^{a_4} x_5^{a_5}$

所以：

$$a_1 = \frac{\dfrac{\partial y}{\partial x_1} x_1}{a x_1^{a_1} x_2^{a_2} x_3^{a_3} x_4^{a_4} x_5^{a_5}} = \frac{\partial y}{y} \Big/ \frac{\partial x_1}{x_1}$$

同理：

$$a_2 = \frac{\partial y}{y} \Big/ \frac{\partial x_2}{x_2}$$

$$a_3 = \frac{\partial y}{y} \Big/ \frac{\partial x_3}{x_3}$$

$$a_4 = \frac{\partial y}{y} \Big/ \frac{\partial x_4}{x_4}$$

$$a_5 = \frac{\partial y}{y} \Big/ \frac{\partial x_5}{x_5}$$

所以,这些待定系数就是各要素的弹性指数,它们反映着对应要素的变动对产出的变动关系。

按照我国农业机械化发展阶段,我们分三个时期来分析我国的农机供给。

表 3 - 1   1957—1970 年相关指标数值

年份	y	x_1	x_2	x_3	x_4	x_5
1957	3.84	17.1	0.89	12.3	3117	2.8
1958	14.27	44.3	2.2	37.1	3782	6.5
1959	21.08	24.5	4.8	58.2	3395	11.38
1960	36.21	76.2	7.24	77.5	4675	20.99
1961	15.64	32.8	8.09	61.6	2539	19.96
1962	10.73	26.4	7.02	36.6	2493	21.1
1963	10.3	27.4	6.69	32.5	3132	19.52
1964	11.36	28.8	6.47	32.9	3710	19.62
1965	14.5	36.8	6.76	36.1	4382	21.43
1966	20.73	45.2	7.64	42.2	5467	23.62

年份	y	x_1	x_2	x_3	x_4	x_5
1967	16.12	35.1	7.63	43.5	3720	25.5
1968	15.63	34.1	7.92	47.6	3285	27.6
1969	21.58	46	8.76	53.7	4144	29.8
1970	32.42	49.9	9.96	64.6	5019	32.58

注：各经济量为 1970 年不变价。

资料来源：《中国农业机械基本情况》。

$$y = -7.964007 - 0.04832527x_1 - 0.2134874x_2 + 1.130888x_3$$
$$+ 0.7975355x_4 + 0.1638437x_5$$

回归平方和 $U = 3.88776$

残差平方和 $Q = 0.02397609$

显著性检验 $F = 259.4425$

剩余标准差 $S = 0.05474497$

相关系数　$R = 0.9969307$

化成指数形式为：

$$y = 0.00034776x_1^{-0.0483}x_2^{-0.2135}x_3^{1.1309}x_4^{0.7975}x_5^{0.1638}$$

表3-2 　　　　　　　　1971—1982 年相关指标数值

年份	y	x_1	x_2	x_3	x_4	x_5
1971	36.68	58.2	12.24	76.1	5117	37.74
1972	41.2	61.3	13.31	77	5426	42.85
1973	48.89	78.1	14.77	80.1	6887	49.42
1974	51.81	80.3	15.98	82.1	6370	54.75

年 份	y	x_1	x_2	x_3	x_4	x_5
1975	62.37	88.5	17.96	89	7212	61.84
1976	61.26	86.6	19.8	96.5	6521	68.8
1977	74.46	99.4	21.04	99.9	7554	75.19
1978	79.59	109.1	21.53	108.2	7474	80.47
1979	84.13	114	21.28	106.4	7952	82.79
1980	70.76	95.85	20.82	103.7	6834	85.26
1981	60.53	98.8	22.4	116.3	5274	91.37
1982	65.41	112.1	20.9	108	6097	89.26

注：各经济量为 1970 年不变价。

资料来源：《中国农业机械基本情况》，1983 年以后的资料不全。

$$y = -8.730098 - 0.1067933x_1 - 0.1198324x_2 + 0.8747153x_3$$
$$+ 0.9620184x_4 + 0.1259376x_5$$

回归平方和 $U = 0.7128166$

残差平方和 $Q = 0.008435846$

显著性检验 $F = 101.3982$

剩余标准差 $S = 0.03749633$

相关系数 $R = 0.9941348$

化成指数形式为：

$$y = 0.0001616x_1^{-0.1068}x_2^{0.1198}x_3^{0.8747}x_4^{0.9620}x_5^{0.1259}$$

3. 结果讨论

（1）1957—1970 年

①各弹性指数

这一阶段各供给要素的弹性指数分别为：

$$a_1 = -0.048$$

$$a_2 = -0.214$$

$$a_3 = 1.131$$

$$a_4 = 0.798$$

$$a_5 = 0.164$$

其中，$a_3 > a_4 > a_5 > a_1 > a_2$。

各要素对农机产品产出能力影响的大小顺序为：

x_3：农机工业职工人数；

x_4：全员劳动生产率；

x_5：固定资产原值；

x_1：钢材消耗量；

x_2：金属切削机床。

这种结果表明：在我国农机化发展的初级阶段，农机工业是劳动密集型产业，从业工人活劳动的投入对农机工业的产出占首要地位，其次是劳动生产率。提高劳动生产率，对农机产品的产出潜力具有很大的促进作用。这说明了农机工业对技术进步具有迫切要求。再次是农机工业的固定资产原值，说明当时我国的农机工业已具有一定的技术基础，但有机构成较低，这同农机工业还处于劳动密集型状态相联系。钢铁材料消耗和金属切削机床在一定拥有量之后已基本满足一定量农机产品生产的需要。从计算结果来看，农机工业的原材料钢材并没有有效地发挥作用，加工能力也有剩余。

②$a_3 > 1$，a_1、a_2、a_4、a_5 均小于 1

表示 x_3 仍处于边际产值递增阶段，其余各要素的边际产值递减。$a_1 + a_2 + a_3 + a_4 + a_5 = 1.831 > 1$ 来看，说明我国农机工业在发展的初级阶段处于边际产值递增阶段，按照这一时期各要素在一定水平上结合，农机工业的产出仍有较大增长潜力。

③转换系数：$a = 3.48 \times 10^{-4}$

从不同阶段数值比较来看，从 1957 年到 1970 年确实具有发展阶段性特点。转换系数较大，农机工业处于粗放式外延型生产阶段。

④边际分析

根据数学模型，各要素的边际函数为：

$$\frac{\partial y}{\partial x_1} = -0.048(0.000348 x_1^{-0.048} x_2^{-0.214} x_3^{1.131} x_4^{0.798} x_5^{0.164} / x_1)$$

$$= -0.048 \frac{y}{x_1}$$

$$\frac{\partial y}{\partial x_2} = -0.214 \frac{y}{x_2}$$

$$\frac{\partial y}{\partial x_3} = 1.131 \frac{y}{x_3}$$

$$\frac{\partial y}{\partial x_4} = 0.798 \frac{y}{x_4}$$

$$\frac{\partial y}{\partial x_5} = 0.164 \frac{y}{x_5}$$

相关量如下：

$\Sigma y = 244.41$ $\qquad\qquad$ $\Sigma y^2 = 5229.67$

$\bar{y} = 17.46$	S = 8.6	$\sigma = 8.29$
$\Sigma x_1^2 = 22412.7$	S = 14.59	$\sigma = 14.0$
$\Sigma x_2 = 92.07$	$\bar{X}_2 = 6.58$	
$\Sigma x_2^2 = 683.38$	S = 2.45	$\sigma = 2.36$
$\Sigma x_3 = 637$	$\bar{X}_3 = 45.5$	
$\Sigma x_3^2 = 32537.76$	S = 16.5	$\sigma = 15.93$
$\Sigma x_4 = 52860$	$\bar{X}_4 = 3775.7$	
$\Sigma x_4^2 = 209718692$	S = 882.9	$\sigma = 850.8$
$\Sigma x_5 = 282.4$	$\bar{X}_5 = 20.17$	
$\Sigma x_5^2 = 6608.4$	S = 8.389	$\sigma = 8.07$

平均边际增长率为：

$$\frac{\partial y}{\partial x_i} = a_i \left(\Sigma \frac{y}{x_i} / 14 \right)$$

$$\frac{\partial y}{\partial x_1} = -0.048 \times 0.4589 = -0.02203(亿元) = -220.3(万元)$$

$$\frac{\partial y}{\partial x_2} = -0.214 \times 2.97 = -0.63558(亿元) = -6355.8(万元)$$

$$\frac{\partial y}{\partial x_3} = 1.131 \times 0.373 = 0.421863(亿元) = 4218.63(万元)$$

$$\frac{\partial y}{\partial x_4} = 0.798 \times 0.00455 = 0.00363(亿元) = 36.3(万元)$$

$$\frac{\partial y}{\partial x_5} = 0.164 \times 1 = 0.164(亿元) = 1640(万元)$$

对上述结果，可进行下列解释：在我国农机化发展的初级阶段（1957—1970 年），钢材及金属切削机床拥有量不断上升，对农机产值的增加没有明显作用。

在其他要素不变的情况下：

每增加 1 万名从业人员，农机产值上升 4218.63 万元；

全员劳动生产率每人增加 1 元，农机工业产值可增加 36.3 万元；

农机工业的固定资产原值每增加 1 亿元，则农机工业产值增加 1640 万元。

⑤对各要素的管理原则

根据前述各要素的分析，为有效地增加农机工业的产出能力，对各要素的管理遵循下列原则。

第一，严格控制农机工业的钢材用量，充分发挥钢材使用效果，防止浪费。

第二，发挥现有农机加工机械作用，控制这一部分的投资以挖掘现有金属切削机床的生产能力。

第三，根据农机工业的生产结构，适当增加从业人员，扩大农机工业的生产能力。

第四，进一步优化生产过程，提高劳动生产率。

第五，根据生产需要，可适当投入农机工业的固定资金。

相反，如果国家需要一定程度的约束农机工业的发展，首先进行劳动力优化，裁减农机工业的从业人数，严格控制固定资产的投资规模，这样，就能比较有效地约束农机工业的发展。而从原材料供给方面约束，即使按一定计划量供给，也并不能有效地制约农机工业的发展。

（2）1971—1982 年

这一阶段农机工业产值与各要素的关系为：

$$y = 0.0001616 x_1^{-0.1068} x_2^{0.1198} x_3^{0.8747} x_4^{0.9620} x_5^{0.1259}$$

①各弹性指数

$a_1 = -0.1068$

$a_2 = 0.1198$

$a_3 = 0.8747$

$a_4 = 0.9620$

$a_5 = 0.1259$

其中，$a_4 > a_3 > a_5 > a_2 > a_1$。

各要素对农机产品产出能力影响的大小顺序为：

x_4：全员劳动生产率；

x_3：农机工业职工人数；

x_5：固定资产原值；

x_2：金属切削机床；

x_1：钢材消耗量。

在这一阶段，农机工业的全员劳动生产率占首要位置；其次是农机化工业从业人数。这两点表明，农机工业的发展已进入技术密集与劳动密集阶段。农机工业的技术进步之所以在两个阶段对农机工业都有很大的推进作用，是同我国国民经济发展向重工业倾斜直接相关，这也说明了农机工业发展直接依赖整个工业的技术进步。但从分析结果来看，这一时期的原材料消耗并没有得到改善，利用率反而更低了。农机加工设备在技术进步方面的作用相对第一阶段增强了，但没有明显改善。第二阶段相对于第一阶段来说，要素顺序发生了变化，这种变动方向和技术进步是一致的，也符合我国农机工业发展实际过程。各弹性指数值也有变化，其边际产出率也表明了这一时期的技术进步。

②a_1、a_2、a_3、a_4、a_5各指数均小于1

表明各要素的边际产值递减，但由于（$a_1 + a_2 + a_3 + a_4 + a_5$）$>1$，因此，农机工业产出能力仍处于递增阶段。

③转换系数：$a = 1.616 \times 10^{-4}$

a值量相对第一阶段明显下降了，这说明我国的农机工业已具备一定规模，基本进入外延式再生产和内涵式再生产并存的发展阶段。

④边际分析

根据数学模型，各要素的边际函数为：

$$\frac{\partial y}{\partial x_1} = 0.0001616 x_1^{-0.1068} x_2^{0.1198} x_3^{0.8747} x_4^{0.962} x_5^{0.1259} / x_1 = -0.1068 y / x_1$$

$$\frac{\partial y}{\partial x_2} = 0.1198 \frac{y}{x_1}$$

$$\frac{\partial y}{\partial x_3} = 0.8747 \frac{y}{x_3}$$

$$\frac{\partial y}{\partial x_4} = 0.962 \frac{y}{x_4}$$

$$\frac{\partial y}{\partial x_5} = 0.1259 \frac{y}{x_5}$$

相关量如下：

$\Sigma y = 736.99$ 　　　　　$\Sigma y^2 = 4765.69$

$\bar{y} = 61.42$ 　　　　　$S = 14.74$ 　　　　　$\sigma = 14.1$

$\Sigma x_1 = 1082.25$ 　　　　　$\bar{x}_1 = 90.19$

$\Sigma x_1^2 = 101318.68$ 　　　　　$S = 18.37$ 　　　　　$\sigma = 17.59$

$\Sigma x_2 = 222.03$ 　　　　　$\bar{x}_2 = 18.5$

$\Sigma x_2^2 = 4246.19$ 　　　　　$S = 3.54$ 　　　　　$\sigma = 3.39$

$\Sigma x_3 = 1143.8$ 　　　　　$\bar{x}_3 = 95.32$

$\Sigma x_3^2 = 111137.82$ 　　　　　$S = 13.86$ 　　　　　$\sigma = 13.27$

$\Sigma x_4 = 78718$ 　　　　　$\bar{x}_4 = 6559.83$

$\Sigma x_4^2 = 526019156$ 　　　　　$S = 936.25$ 　　　　　$\sigma = 896.39$

$\Sigma x_5 = 819.74$ 　　　　　$\bar{x}_5 = 68.31$

$\Sigma x_5^2 = 59826.19$ 　　　　　$S = 18.66$ 　　　　　$\sigma = 17.86$

平均边际增长率：

$$\frac{\partial y}{\partial x_i} = a_i \left(\sum \frac{y}{x_i} / 12 \right)$$

$$\frac{\partial y}{\partial x_1} = -0.1068 \times 0.678 = -0.07241（亿元）= -724.1（万元）$$

$$\frac{\partial y}{\partial x_2} = 0.1198 \times 3.3 = 0.39534（亿元）= 3953.4（万元）$$

$$\frac{\partial y}{\partial x_3} = 0.8747 \times 0.64 = 0.59981（亿元）= 5598.1（万元）$$

$$\frac{\partial y}{\partial x_4} = 0.962 \times 0.0093 = 0.008947（亿元）= 89.47（万元）$$

$$\frac{\partial y}{\partial x_5} = 0.1259 \times 0.916 = 0.11532(亿元) = 1153.2(万元)$$

上述结果表明，在农机化发展的第二阶段（1971—1982年），在其他要素不变情况下：全员劳动生产率每人每增加 1 元，则农机工业产值可增加 89.47 万元；每增加 1 万名从业人员，农机产值上升 5598.1 万元；农机工业的固定资产原值每增加 1 亿元，则农机工业产值增加 1153.2 万元。

每增加 1 万台套金属切削机床，农机工业产值可上升 3953.4 万元。相对第一阶段来说，由于农机产品种类数量增加，原有农机加工能力得到了发挥，并对新的加工能力提出了要求。

钢材消耗仍然没有得到改善。国家对农机工业的钢材供给是能够满足农机工业生产要求的。当时钢材是国家控制较强的重要物资，为了迅速实现农业的机械化，国家采取了倾斜政策。另外，在这一阶段的后期，农机工业钢材的流失量可能比较大。流失的钢材不能反映对农机工业产值的增加。只有在其他要素水平发生较大变化、农机工业产值有较大增长时，才能与钢材的这一供给量合理耦合。

三　农业机械化农业要素与农机需求分析

在上一节中，我们根据农机化工业要素的状态水平分析了国家对农机工业的总供给能力，并从供给角度分析了农机化的主要变量（可以称为特征变量）。在本节中，我们将从农机应用角度来分析农机化的需求及需求特征变量。

如前所述，农机化的作用是多方面的，因此，农机也有多方面的需求结构，其中，提高农业劳动生产率，特别是在农忙季节保证适时耕种，减少农业失时性损失，农机化具有突出作用。另外，农机化的有些作用最终也可以表现为对农业的增产效果。因此，我们以减少农业损失为例，对农机的需求要素进行分析。

1. 概念与原理

在机械化作业过程中，为了减少农业损失，必须投入农业机械，随着农机投入的增加，一方面农业损失不断减少，另一方面农机成本不断上升。所以，实际的农机需求取决于农业损失（或增产效果）和农机使用费用相对量变。

实际情况应该是，为了一定限度地减少农业损失，进行必要的农机投入，一定的农业损失与一定的农机投入是并存的。农业机械的最佳需求量是使得农业的残余损失①和人机使用成本之和为最小的需求量。

设使用农业机械后，农业的残余损失量为 S_1；农机投入总费用为 S_2；人力成本为 S_3。

上述各量均是农机投入量的函数，所以存在：

$$F = S_1 + S_2 + S_3 = S (q) \tag{1}$$

式中，

_____

① 农业残余损失是指，有限的农机投入后仍不能保证农艺要求所造成的农业损失。

F：损失与成本费用之和；

q：农机需求量。

农机最佳投入量条件为：

$$\frac{\partial F}{\partial q} = 0 \tag{2}$$

使得式（2）成立的农机需求量即为最佳需求量。

如果 $\frac{\partial F}{\partial q} = 0$ 的点不存在，则表示农机需求量为零，或是将

农业损失减少到零的农机需求量。如图 3 – 1 中 A、B 点。

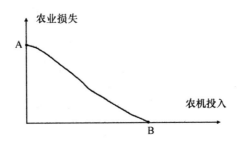

图 3 – 1　农业损失与农机投入之间的数量关系

2. 农机最佳需求量与需求要素的分析

设 W 为总作业量（亩、吨公里、吨），下面讨论的主要是

作业面积（亩）；

f_1：单位农机的生产率（亩/天·台）；

f_2：手工作业的劳动生产率（亩/天·人）；

q：完成作业所需要的农机拥有量（台·套）；

n：手工作业的劳动者人数（人）；

b_1：每亩农机具的可变成本（元/亩）；

p：单位农产品价格（元/公斤）；

c：单台农机的固定成本及机会成本（元/台）；

b：每亩的人力成本（元/亩）；

T：作业天数（天）；

δ_i：第 i 天每亩的损失量（公斤/亩）；

$\sum\limits_{i=T_0}^{T}\delta_i$：失时总天数内积累损失（公斤·天/亩）；

T_0：农艺要求无损失作业天数。

式（1）展开为：

$$F = (f_1 q + f_2 n)p\sum_{i=T_0}^{T}\delta_i + f_2 b_2 nT + f_1 b_1 qT + cq$$

$\sum\delta_i$ 是时间 T 的函数，即 $\sum\delta_i = \delta(T)$

T 是 q 的函数：

$$\therefore \quad \sum\delta_i = \delta[T(q)]$$

C 也是 T 的函数：

$$\therefore \quad Cq = C(T)q = C[T(q)]q$$

$$\therefore \quad F = (f_1 q + f_2 n)pS[T(q)] + f_2 b_2 nT + f_1 b_1 qT + C[T(q)]q$$

$$\frac{\partial F}{\partial q} = \{f_1 P\delta[T(q)] + p(f_1 q + f_2 n)\}\delta'(T)T'(q) + f_2 bnT'(q) +$$

$$f_1 b_1[T'(q)\cdot q + T] + C'(T)T'(q)\cdot q + C[T(q)] \quad (3)$$

$$T = W/(f_1 q + f_2 n)$$

$$\therefore \quad T'_q = -\frac{f_1 W}{(f_1 q + f_2 n)^2}$$

$$\therefore \frac{\partial F}{\partial q} = \{f_1 P \delta[T(q)] - PWF_1(f_1 q + f_2 n)\} \delta'(T) \frac{1}{(f_1 q + f_2 n)^2}$$

$$+ f_2 b_2 q \left[- \frac{Wf_1}{(f_1 q + f_2 n)^2} \right] + f_1 b_1 \left[- \frac{Wq}{(f_1 q + f_2 n)^2} + \right.$$

$$\left. \frac{W}{(f_1 q + f_2 n)^2} \right] + C'(T) \left[- \frac{Wq}{(f_1 q + f_2 n)^2} \right] + C[T(q)] \quad (4)$$

式（4）中，δ_T 是农艺要求参数。根据对不同地区的调查，δ_T 具有很大差别，而且 δ_T 的关系是非常复杂的。为了便于分析量纲，我们假定 δ_T 为常数。

C 量一般按下列公式计算：

$$C = a \ (d + e) \ p \tag{5}$$

式中：d 为折旧率；e 为年利息率；p 为农机（如拖拉机）售价、运输费及调试费之和；a 为机具利用程度的修正函数；为了便于量纲分析，我们假定 C 也为常数。

在上述两点假设条件下，式（4）可以简化：

$$\frac{\partial F}{\partial q} = f_1 P \delta - \frac{f_2 b_2 n W f}{(f_1 q + f_2 n)^2} + \frac{W f_1 b_1}{(f_1 q + f_2 n)} - \frac{W b_1 q f_1}{(f_1 q + f_2 n)^2} + Cq \tag{6}$$

由于存在上述两点假设，故式（6）只能作为分析式，而不能作为量化分析方程（在后面，通过我们具体调查的数据，说明量化分析方法）。

令 $\dfrac{\partial F}{\partial q} = 0$

整理化简可得：$q^3 + Aq^2 + Bq + D = 0$ \qquad (7)

式中：

$$A = \frac{f_1 p s}{c} + \frac{2f_2 n}{f_1}$$

$$B = \frac{2f_2 \delta_n p}{C} + \frac{Wb_1}{C} + \frac{Wb_1}{Cf_1} + \frac{f_2^2 n^2}{f_1^2}$$

$$D = \frac{f_2^2 p \delta_n^2 n^2}{Cf_1} + \frac{Wf_2 b_1 n}{Cf_1} - \frac{f_2 b_2 n^2 W}{Cf_1}$$

由式（7）可得：

$$q = \sqrt{\frac{AB}{6} - \frac{D}{2} - \frac{A^3}{27} + \sqrt{\frac{D}{27}A^3 - \frac{B^2}{108}A^2 - \frac{BD}{6}A + \frac{B^3}{27} + \frac{D^2}{4}}}$$

$$+ \sqrt{\frac{AB}{6} - \frac{D}{2} - \frac{A^3}{27} - \sqrt{\frac{D}{27}A^3 - \frac{B^2}{108}A^2 - \frac{BD}{6}A + \frac{B^3}{27} + \frac{D^2}{4}}}$$

$$- A/3 \tag{8}$$

下面根据分析式（8），讨论主要需求要素的量纲。

（1）土地规模 W

假定其他要素水平一定，则有：

$$q = \sqrt{E_1 + E_2 W + \sqrt{E_3 + E_4 W + E_5 W^2 + E_6 W^3}} + F_7 \tag{9}$$

当 W 值较大时，W 对 q 的最高量纲为 1/2；当 W 值较大时，W 对 q 的最低量纲为 1/3；

一般情况下取两者的平均值：

∴ 式（9）可以简化为：

$$q = E_8 + E_9^{5/12} \tag{10}$$

（2）农产品价格 P

假定其他要素水平一定，则有：

$$q = \sqrt{E_{10} + E_{11}P + E_{12}P^2 + E_{13}P^3 + \sqrt{E_{14} + E_{15}P + E_{16}P^2 + E_{17}P^3 + F_{18}P^4}}$$
$$+ E_{19} + E_{20}P \qquad (11)$$

同理可得：$q = E_{11} + E_{22}p^{2/3}$ （12）

（3）农机使用成本（主要考察 C 量）

在其他要素水平一定时，则有：

$$q = \sqrt{E_{23} + E_{24}C^{-1} + E_{25}C^{-2} + E_{26}C^{-3} + \sqrt{E_{27} + E_{28}C^{-1} + E_{29}C^{-2} + E_{30}C^{-3} + E_{31}C^{-4}}}$$
$$+ E_{32} + E_{33}C^{-1} \qquad (13)$$

同理可得：$q = E_{34} + E_{35}C^{-2/3}$ （14）

（4）劳动者日值（通过 b_2 量反映）

假定其他要素水平一定，则有：

$$q = \sqrt{E_{36} + E_{37}b_2 + \sqrt{E_{38} + E_{39}b_2 + E_{40}b_2^2}}$$

同理可以化简为：$q = E_{41} + E_{42}b_2^{1/2}$

E_1、E_2、E_3、…、E_{42} 为各种系数。

（5）对农艺要求 δ 的说明

式（8）是在假定 δ 为常数条件下得出的。实际上 δ 是作业时间 T 的函数，也就是说，随着耕种时间的延长，其损失量是越来越大的。因此，要减少失时性损失，就必须缩短耕种时间，就必须投入更多的农机产品。在各要素水平一定时，农艺要求越高（即拖延一定时间失时性损失逐步提高）则对农机的需求量就越大。式（8）也反映了这种规律。

3. 农机最佳需求量的实证分析

前面的分析结果表明，农机的最佳需求量只有在具体条件一定时才能进行实际计算。式（4）只是在理论上说明了确定农机最佳需求量的方法。式（10）（12）（14）仅向我们提供了农机最佳需求量与主要需求要素边际分析的依据。但具体确定农机最佳需求量必须结合具体的条件。

现以浙江省湖州市的调查材料说明实际计算农机最佳需求量的过程。选择时间是夏收秋种的"双抢"时节。

该地区农业部门提供的资料如下：

在夏收秋种的"双抢"季节，延期种植时间的失时性损失情况如下：

7月22日之前为早熟期限；

7月23—25日为晚熟适时种植时期，即在此期间种植晚熟为无失时性损失时间；

7月26—31日，每延迟一天，每亩每天平均损失3.5公斤；

8月1—8日（立秋），每延迟一天，每亩每天平均损失5公斤；

8月8日之后，损失将更大，所以当地有"不插立秋秋"之说。

相关数据如下：

W：作业面积6000亩；

f_1：拖拉机复式作业的劳动生产率14亩/天·台；

f_2：人力作业的劳动生产率0.8亩/天·人；

n: 手工作业的劳动者 125 人；

b_1: 每亩农机具复式作业的可变成本 2.64 元/亩；

b_2: 手工作业的人力成本 3 元/亩；

p: 单位农产品价格 0.7 元/公斤；

c: 拖拉机固定成本与机会成本 540 元/台。

(1) δ 的计算

根据失时损失情况，可得 δ_1、δ_2、…、δ_{19} 如下（单位：公斤）：

$$\delta_1 = \delta_2 = \delta_3 = 0$$

$\delta_4 = 3.5$	$\delta_5 = 7$	$\delta_6 = 10.5$	$\delta_7 = 14$
$\delta_8 = 17.5$	$\delta_9 = 21$	$\delta_{10} = 26$	$\delta_{11} = 31$
$\delta_{12} = 36$	$\delta_{13} = 41$	$\delta_{14} = 46$	$\delta_{15} = 51$
$\delta_{16} = 56$	$\delta_{17} = 61$	$\delta_{18} = 66$	$\delta_{19} = 71$

$\Sigma\delta$ 的数值如下：

$$\sum_{i=3}^{4} \delta_i = 3.5$$

$$\sum_{i=3}^{5} \delta_i = \delta_4 + \delta_5 = 10.5$$

$$\sum_{i=3}^{6} \delta_i = \delta_4 + \delta_5 + \delta_6 = 21$$

$$\sum_{i=3}^{7} \delta_i = \delta_4 + \delta_5 + \cdots + \delta_7 = 35$$

$$\sum_{i=3}^{8} \delta_i = \delta_4 + \delta_5 + \cdots + \delta_8 = 52.5$$

$$\sum_{i=3}^{9} \delta_i = \delta_4 + \delta_5 + \cdots + \delta_9 = 73.5$$

$$\sum_{i=3}^{10} \delta_i = \delta_4 + \delta_5 + \cdots + \delta_{10} = 99.5$$

$$\sum_{i=3}^{11} \delta_i = \delta_4 + \delta_5 + \cdots + \delta_{11} = 130.5$$

$$\sum_{i=3}^{12} \delta_i = \delta_4 + \delta_5 + \cdots + \delta_{12} = 166.5$$

$$\sum_{i=3}^{13} \delta_i = \delta_4 + \delta_5 + \cdots + \delta_{13} = 207.5$$

$$\sum_{i=3}^{14} \delta_i = \delta_4 + \delta_5 + \cdots + \delta_{14} = 253.5$$

$$\sum_{i=3}^{15} \delta_i = \delta_4 + \delta_5 + \cdots + \delta_{15} = 304.5$$

$$\sum_{i=3}^{16} \delta_i = \delta_4 + \delta_5 + \cdots + \delta_{16} = 362.5$$

$$\sum_{i=3}^{17} \delta_i = \delta_4 + \delta_5 + \cdots + \delta_{17} = 423.5$$

$$\sum_{i=3}^{18} \delta_i = \delta_4 + \delta_5 + \cdots + \delta_{18} = 494.5$$

（2）拖拉机需求量 q 与 F 的关系

q 的起点验算：

按 18 天完成工作量，则有：

$$q = (W - f_2 nT) / f_1 T = 16 （台）$$

q 的终点验算，按 3 天完成全部作业量，即以不造成失时损失为限：

$$q = (W - f_2 nT) / f_1 T = 136 （台）$$

在此区间确定最佳需求量为 q，

当 $q = 17$ 台时，每天人机完成作业量 W_{17}。

$W_{17} = f_1 q + f_2 n = 338$ （亩）

完成作业所需要的天数 T_{17}，

$T_{17} = W/W_{17} = 6000/338 = 17.5$ （天）[①]

$$S_1 = W_{17} P \sum_{i=3}^{17} \delta_i + 0.75 W_{17} P \delta_{18}$$

$$= 388 \times 0.7 \times 423.5 + 0.75 \times 338 \times 66 = 111443.61 \text{ （元）}$$

投入的农机费用 S_2 的计算：

$S_2 = b_1 q T_{17} f_1 + Cq = 14 \times 2.64 \times 17.75 \times 17 + 540 \times 17$

$\quad = 22722.54$ （元）

人力成本 S_3 的计算：

$S_3 = f_2 b_2 n T_{17} = 3 \times 125 \times 17.75 = 6656.25$ （元）

$F_{17} = S_1 + S_2 + S_3 = 141053.99$ （元）

当 $q = 49$ 台时，

$W_{49} = f_1 q + f_2 n = 786$ （亩）

$T_{49} = W/W_{17} = 7.63$ （天）

$S_1 = W_{49} P \sum_{i=4}^{7} \delta_i + 0.63 W_{49} P \delta_8 = 25323.0$ （元）

$S_2 = b_1 q T_{17} f_1 + Cq = 40278.24$ （元）

$S_3 = f_2 b_2 n T_{17} = 2861.25$ （元）

$F_{49} = 68462.44$ （元）

当 $q = 130$ 台时，同理可求得：$F_{130} = 87476.16$ （元）

---

① 注：时间为 17.75 天，表示在前 17 天每天耕作面积为 338 亩；另外 0.75 天是在第 18 天，耕作面积为 $0.75 W_{17}$。以下出现 T 为小数时，均用此法。

可见，$F_{17} < F_{49} < F_{130}$。

所以在 17 台与 130 台之间必定存在某一点，能使 F 值为最小。

计算结果表明，当农机需求量达 64 台时，投入的成本与失时性损失之和 F 为最小（见图 3 - 2）。这样的农机投入量尽管不能保证适时耕种，存在失时性损失（计 14836.4 元），但从投入费用与损失之和来看是最小的。因此，这个投入量为最佳投入量。

从对农机最佳投入量的计算和对需求量与需求要素的量纲分析，我们便可以确定农机需求量的要素水平增长（或减缩）趋势及调节手段。

表 3 - 3　　　　　　　　　q 与 F 量的对应关系

q	17	20	25	30
F	141053.99	125276.56	104478.99	90947.77
q	35	40	45	50
F	82266.62	75885.23	72412.4	70642.5
q	55	60	61	62
F	68597.87	67943.67	67875.56	67776.1
q	63	64	65	66
F	67645.3	67483.15	67567.49	67678.29
q	67	70	75	80
F	67766.7	68120.95	68617.42	69379.6
q	85	90	95	100
F	70748.94	72151.66	73635.74	74843.5
q	105	110	115	120
F	76979.14	79157.53	81310.97	83450.17
q	125	130	135	140
F	85626.96	87850.61	89995.37	92516.99

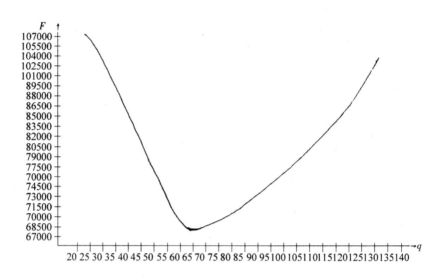

图 3 - 2   农机投入量与农业损失和成本费用之间的关系

第四章　农业机械化运行的调节方法

同社会总供给不能创造社会总需求一样，农机工业供给并不能创造农机的实际需求。农机的供给能力是由其工业要素的状态水平（质和量）确定的。农机的需求（市场的实际容量）是由其农业要素决定的。要实现农业机械化的常态运行，就必须保证农机供给与农机需求的总量平衡。这种总量平衡是通过调节农机化要素实现的。分析农业机械化的调节方法必须以此为基础。

一　农业机械化机制的历史分析

下面我们从供给与需求角度对我国农机化机制的历史做简要分析。

1. 高度集中的农机化计划机制

从 1957 年到 1980 年，在 20 多年中，与我国高度集中的计划经济相联系，我国发展农机化事业也采取了高度集中的计划机制。这种计划机制所取得的历史作用及存在的弊端，在农机化理论界已从不同角度进行了反思和分析，这里主要从供给与需求角度进行探索。

（1）供给方面

发展农机化事业首先必须具备一定规模的农机工业的生产能力，这种生产能力的形成要不断进行生产要素的配置与扩张。解放初期，由于工业落后，钢材、金属加工设备、生产制造工艺、人才等方面都很缺乏，所以基本上没有独立的农机工业生产体系。大型农机的生产能力极其低下，以生产简单农具为主。初建的一些大型国营农场所使用的拖拉机除从苏联引进的少数产品外，主要是旧中国残留的一些外国机型。随着我国重工业的发展，机械工业的生产规模迅速扩大，在工业部门内部开始生产一些农业机械产品，但这些机械并没有独立地被称之为"农业机械"。以洛阳第一拖拉机制造厂的建立为标志，我国农业机械化进入了一个新时期。我国国民经济的发展在相当长的一段历史时期向重工业倾斜，工业部门内部相互提供市场，形成封闭体系，造成后来国民经济结构的严重失调。但从国际经验来看，在一段时间内大力发展重工业对初建的社会主义国家是不可避免的。我国能够在比较短的时期里形成农机工业基础是同这种发展战略分不开的。

农业合作化的完成，机械工业的发展，为我国农业机械化的发展创造了有利条件。1959年国家农业机械部成立以后，农业机械制造业从其他工业产业中相对独立出来。国家通过计划手段保证了农机工业的供给条件。一部分机械工业的人、财、物直接用于农机工业生产。可以说这是农机工业要素的最初配置。在此以后，农机工业在钢材、加工设备、人力、固定资产投入等方面都纳入了国家的供给计划，到1979年，全国1960个县建立了农机修造厂。各要素水平分别达到：钢材用量为114万吨，金属切削机床拥有量为21.28万台套，从业的职工人数为106.4万人，固定资产原值为82.79亿元。当年农机工业总产值达84.13亿元。全员劳动生产率为每人每年7952元。这些供给要素说明，我国农机工业已具备相当水平。

（2）需求方面

农业合作化以后农村生产力的发展对农业机械化产生了客观要求。积极创造条件，逐步实现农业机械化的方针是正确的。但客观需求量究竟有多大，应该采取什么样的步骤实现农业机械化是非常重要的现实问题。另一方面，农机工业品以怎样的方式向农业输入，实践证明这一点直接关系到农业机械的使用效果。这一时期，农机需求量基本上是通过国家计划配给的。当时农村人民公社体制为这种配给制提供了便利条件。尽管每个生产单位所获得的农机产品数量是不相同的，经济条件好的地区、重要的农产品生产基地、人少地多地区的农机拥有量相对多一些，但从总体上农机供给是采取配给制分配到农村生产单位的。从国家来说，农业积累是工业发展资金的重要来源，国家对农业机械化的支持自然成为一种补偿性措施。从1966年开始，国家开始把支持农村人民公社的投资主要用来扶持农村机械化，以农机产品的实物形式来替代支农资金和贷款。从1967年到1976年，国家支农资金的60%—70%用于发展农机化事业，总量达70多亿元（由于多种因素，据统计，其中相当一部分农机产品未发挥作用）。所以，在这种政策导向下，农机的需求取决于计划供给量。同时，国家实行农机产品的低价格政策和价格外补贴政策。

所以，这一时期农机的供给与需求可以做下列归纳：

第一，在供给与需求关系上，供给量决定需求量；

第二，供给量是通过国家对供给要素的计划配置实现的；

第三，需求的实现方式是计划分配，对需求基本上采取单一的扩张政策，这种需求失去了价格依托，因此不代表真正经济意义上的需求。

这一时期的农机化发展主要是计划机制。在当时的历史条件下，这种机制对农业机械化的发展起了巨大的推进作用。这种机制的主要缺点在于：农机工业消耗大；国家财政补贴负担过重；农机工业企业不能形成促进技术进步的激励机制；农机使用的经济效益低下。

这种运行机制，尽管政府付出了高昂代价和长期努力，但并没达到预期目标。根据国务院《关于加速实现农业机械化问题的报告》（1971），我国1980年基本实现农业机械化的主要指标是：农、林、牧、副、渔的主要作业机械化水平达到70%以上，拖拉机拥有量为：大中型拖拉机为80万台，小型拖拉机为150万台（这些指标在1976年国务院《关于1980年基本上实现农业机械化的报告》中重申）。而1980年我国农业机械化的实际作业水平远低于这一指标。以种植业为例，当年机耕机械化水平为42.4%，机播机械化水平为10.9%，机收机械化水平为3.1%。其他作业项目的机械化程度也均未能实现。随着经济条件的变化，这种不能反映需求的供给和不能反映成本的需求必然在总量上和结构上产生重大变化。

2. 农机化市场机制的运行

随着经济体制改革不断深化，在整个国民经济中市场机制的作用范围不断扩大，于是农业机械化引入了市场机制。

首先，在农机工业方面，农机生产企业成为相对独立的经济实体，在国家财政的有限支持下，实行自负盈亏。尽管在供给要素方面，国家计划还具有一定的约束力，但对农机产品的销售，企业已有一定的自主权。随着价格体制的改革，相当一部分农机产品的价格有了一定程度的开放。

其次，农村经济体制改革以后，农民有了选择包括大中型农机在内的自主权。农民购买农业机械实质上是对农业的追加投资。这种追加投资必须获得追加投资效益。这样，农业机械的需求便同经济效益直接联系起来了。可以说，1980年以后，这种需求的变化对农业机械化的发展起了决定性作用。不仅如此，还按照这样的经济原则，对已积累的农业机械进行了处理。由于土地经营规模减缩，相当一部分农业机械失去了合理使用条件，在一些地区甚至拆散废弃了相当一部分农业机械，需求向小型化发展。由于农机使用条件和选择主体的变化，农机的实际需求量大规模地减缩。到 1981 年，农机工业总产值由 1978 年的 84.13 亿元下降到 60.53 亿元。1984 年以后，农机工业总产值超常回升，到 1990 年达到 210.09 亿元，但需求结构发生了重大变化，大部分农业机械主要从事加工业和运输业。而农业机械化的主要标志——种植业的主要项目机械化水平并没有得到应有的提高。甚至一些作业项目机械化水平绝对下降了。

分析这一阶段的农机化发展，我们可以认为：

第一，农机需求决定农机供给，农机化需求结构的变化对农机工业的结构产生着巨大影响。适应小规模农业生产的小型农机获得了较大发展，一些不适应需求变化的农机制造厂、修理厂被淘汰或从事其他行业。

第二，需求的实现方式主要通过市场机制。在市场机制发挥作用的过程中，国家计划没有能够有效地进行供给与需求的双向调节。在农机需求萎缩的 80 年代初，没有能够有效地进行需求扩张，带来了不少农机产品的浪费。80 年代中后期，在农机需求结构畸形发展时，没有能够有效地引导需求。

所以，在这一阶段，对农机化发展来说，市场机制基本起主导作用。

但是，完全的市场机制对我国农机化运行明显是不足的，必须要采取必要的宏观调控措施。农机化运行本身也存在着不完全市场竞争的条件。

农业机械化作为一个系统，具有双重结构。供给一方在工业，需求一方在农业，并且这种需求是农业生产过程的需求，它不同于日常生活消费品，这是农业机械的特点。我国的城乡差别、工农差别在农机化问题上都典型地表现出来。按照农业机械化技术经济活动的要求，农机化的投入必须通过增产（或减少损失）的农产品价值来补偿。但由于工农产品剪刀差的存在，一定价格的农产品与等量价格的工业品的交换实际是不等价的。这样，农民购买农机的投入必然谋求以其他方式来实现。一些农业机械从事农产品加工、拖拉机从事运输业成为这种投资的实现方式，而直接从事种植业的农机投资效果只有依靠增加更多的商品农产品来实现，这必然对农业机械化的增产效果提出超经济要求。因此完全的市场机制对我国的农业机械化的发展是不适应的，必须通过合理的宏观调控方式保证从事种植业的农机经营取得合理的经济效益。

二　农业机械化运行的调节方法分析

1. 农业机械化运行的双向调节

前面的分析说明，高度集中的农机化计划机制与缺乏宏观调控的农机化市场机制均不能保证农业机械化的正常运行。要保证农机供给与农机需求的总量平衡，优化农机化结构，就必须加强宏观调控，充分发挥市场机制作用，从供给与需求两方面对农机化发展进行双向调节。这种运行机制的目标在于，努力提高农机化经济效益，实现资源的合理配置。在供给方面，农机工业企业要在提高农机产品质量的前提下，降低生产成本，建立起促进农机工业科技进步的激励机制；在需求方面，国家要引导和鼓励农民在农业领域扩大对农业机械的使用，并在合理经营条件下取得经济效益。

农业机械化的双向调节是通过激励或约束农机化供给与需求要素水平实现的。

从经济的计划性角度理解，计划配置的一般含义是指，国家对各部门主要生产要素进行总量界定。农机工业的供给能力同样离不开这些生产要素的配置。在进行要素配置时，不仅要考虑该部门的要素水平，还必须考虑国民经济各部门的协调发展。如果某一要素达不到相应水平，不仅该部门不能实现应有的供给能力，而且会带来其他要素的浪费，资源配置不合理。

各要素的调节方式取决于不同要素的性质。例如，耕地面积是决定农机需求量的重要因素，但由于作业面积在一定时期是相对稳定的。因此通过改变这一要素来改变农机需求量是困难的，它对农机最初配置规模仍起重要作用。从总量上来说，在适度经营规模的前提下，这一构成要素在调节农机需求量方面基本上是刚性的。又如，农业劳动者人数与劳动日值对农机需求量也有很大影响，但这一要素受整个农村经济水平的制约，在一定经济水平下，分析某一时期的农机需求量时，也只能作为一个既定前提。当然，各种构成要素在分析某一地区或某一项目的农机需求量时都是重要的。

市场机制必须充分发挥价格作用。在农机化要素中，农机产品价格与农产品价格及其相互关系对农机供给量与需求量都有着巨大影响。农产品价格的高低对直接从事种植业的农业机械的价值补偿存在直接影响，而农机产品价格具有双重作用，在其他条件不变的情况下，农机产品价格高，在激励农机工业品的供给量的同时也约束着农机产品的需求量。反之，则约束农机供给，而刺激需求。

所以，对农业机械化的宏观调控，必须从供给与需求两方面进行双向调节。

2. 调节的方法与力度

如前分析，要素的变动对供求量的变动关系主要反映的是不同要素对供求量的扩张（或减缩）能力。通过边际分析，可以得出不同时期不同条件下决定供求量大小的主要要素和次要要素，从而确定国家对农机化发展的调控方向与调控力度。在实际操作过程中，可以从供给与需求两方面采取措施，在较短时间内完成农机供求量调节与结构调整。

（1）要素选择与供求函数的建立

农机化的供给与需求要素并不是固定不变的，其中有些要素可能是在不同时期所共有的，但有些要素随着社会经济条件及资源情况的变化会有所变化。另外，所选择的要素无论数量有多少，都不可能对供给与需求有百分之百的决定作用。因此，在不同时期选择农机化供求要素时，既要反映那些对供求总量会产生影响的要素，又要考虑特定的经济环境和资源的稀缺程度，也可以针对某个要素进行具体分析，要素选择是否合理除定性分析外，还应进行多要素的复决定系数检验，以确定这些要素的分析在什么范围内是合理的。

根据所选择的要素，建立要素与供求的函数关系。一般来说，不同的回归分析函数只是对具体统计数据的逼近程度不同，而不影响一般规律性的分析。由于多元幂函数通过指数变化可以对不同的函数关系进行叠加逼近，所以一般能够找出与统计数据相适应的指数，以建立不同的函数关系。幂指数的对数形式也包括了线性关系。所以，这种函数关系可以作为供求函数的一般形式。

在进行农机供给分析时，我们选择了五个要素，由于选择的要素较多，从物质要素与经济要素两方面考察了农机供给，因此比较精确地反映了农机供给情况，复决定系数为0.99。所以，分析的准确性是比较高的。在进行农机需求分析时，我们从"农机投入费用与农业残余损失之和为最小"的原理出发，建立了函数关系，然后再对需求要素进行考察。

（2）边际与替代分析

①边际分析

设农机供给函数的一般关系式为：$y = f(x_1、x_2、x_3、x_4、x_5、\cdots)$

各要素的边际分量为：

$$\frac{\partial y}{\partial x_1}、\frac{\partial y}{\partial x_2}、\frac{\partial x}{\partial x_3}、\frac{\partial y}{\partial x_4}、\frac{\partial y}{\partial x_5}、\cdots$$

设 dy 为全要素增长率，则

$$dy = \frac{\partial y}{\partial x_1}dx_1 + \frac{\partial y}{\partial x_2}dx_2 + \frac{\partial y}{\partial x_3}dx_3 + \frac{\partial y}{\partial x_4}dx_4 + \frac{\partial y}{\partial x_5}dx_5 + \cdots \quad (1)$$

需求函数为：$q = u(k_1、k_2、k_3、k_4、k_5、\cdots)$

各要素的边际分量为：

$$\frac{\partial q}{\partial k_1}、\frac{\partial q}{\partial k_2}、\frac{\partial q}{\partial k_3}、\frac{\partial q}{\partial k_4}、\frac{\partial q}{\partial k_5}、\cdots$$

设 dq 为全要素增长率，则

$$dq = \frac{\partial q}{\partial k_1}dk_1 + \frac{\partial q}{\partial k_2}dk_2 + \frac{\partial q}{\partial k_3}dk_3 + \frac{\partial q}{\partial k_4}dk_4 + \frac{\partial q}{\partial k_5}dk_5 + \cdots$$

边际分量的大小决定着要素的主次顺序，农机供求要素的边际分量实际上反映了要素对供求规模的扩张能力，也是国家对农机化进行调节的依据。

当农机供给大于农机需求时，国家可以通过约束供给的主要要素或激励农机需求的主要要素的方式来实现农机的供给平衡。如果是不合理的供给能力则约束供给主要要素，如果是需求不足则激励农机需求要素。这种情况也适用于农机产品的结构调整，即对不同种类的农机产品采取不同的调节方式。

例如 1971—1982 年我国农机供给函数为：

$$y = 0.0001616x_1^{-0.1068}x_2^{0.1198}x_3^{0.8747}x_4^{0.9620}x_5^{0.1259}$$

$$\frac{\partial y}{\partial x_2} = 3953.4（万元）$$

$$\frac{\partial y}{\partial x_3} = 5598.1（万元）$$

$$\frac{\partial y}{\partial x_4} = 89.47（万元）$$

$$\frac{\partial y}{\partial x_5} = 1153.2(万元)$$

所以，约束农机供给的最有效措施是进行劳动组合，裁减农机工业的从业人员，而减少农机钢材的计划用量并不能有效地控制农机的增长。

在农机需求分析中，我们从减少农业损失角度分析了需求要素。现结合浙江省湖州市在"双抢"季节使用拖拉机的条件，选择适当的系数，将农机需求函数变化为：

$$q = EW^{5/12}P^{2/3}C^{-2/3}$$

$$E = \frac{q}{W^{5/12}P^{2/3}C^{-2/3}} = \frac{64}{6000^{5/12} \times 0.7^{2/3} \times 540^{-2/3}} = 89.4$$

即 $q = 89.4W^{5/12}P^{2/3}C^{-2/3}$ （2）

因此，激励农机需求可以通过提高农产品价格和降低农机成本费用来实现。这是显而易见的道理。

②替代关系分析

一般来说，从供给角度分析要素的替代关系常使用技术替代率，从需求角度分析产品的替代关系常使用边际替代率。为了便于分析，我们统一使用边际替代率来分析农机供给与需求要素的替代关系。

进行替代关系分析时，要注意要素之间的可替代性。一般来说，同质要素之间具有可替代性，如农机产品价格与农产品价格之间、全员劳动生产率与从业人员数、手工能够完成的加工量与加工工具之间等。在具体分析的过程中，可以假定在农机供给不变的条件下，分析各要素之间相互替代关系。总量之间的这种关系，通过国家的调控，对农机工业生产具有重要的作用。

在农机供给量一定条件下，要素之间的边际替代率等于两个要素之间边际分量之比。多种要素之间的边际替代可由下列关系确定：

$$dy = f_1 dx_1 + f_2 dx_2 + f_3 dx_3 + f_4 dx_4 + f_5 dx_5$$

令 $dy = 0$

$$\therefore f_1 dx_1 + f_2 dx_2 + f_3 dx_3 + f_4 dx_4 + f_5 dx_5 = 0$$

边际替代关系必须满足上述条件。

我们仍以 1971—1980 年的情况说明。例如，农机工业职工人员与加工工具拥有量的替代关系为：

$$RTS_{23} = \frac{\partial y / \partial x_2}{\partial y / \partial x_3} = \frac{3953.4}{5598.1} = 0.71$$

也就是说，在其他要素水平一定的情况下，每裁减 1 万名从业工人，要保证等量农机供给，就必须增加 7000 台加工工具来替代手工劳动。我们认为，从供给角度来看，这两者具有等量的意义。

又如，降低农机产品价格或提高农产品价格对农机需求均会产生影响。这种关系我们可借助公式（2）来分析。

$$\frac{\partial q}{\partial p} = 137.4$$

$$\frac{\partial q}{\partial c} = 0.08$$

$$\frac{\partial q}{\partial p} \Big/ \frac{\partial q}{\partial c} = 1712.5$$

也就是说，在"双抢"季节，单从减少损失角度来考虑，农产品每公斤增加0.1元的价格与每台拖拉机降价171.25元，对农机需求量的影响是无差异的。

由于农产品价格受多种因素的制约，涉及整个工农业产品的比价关系，调节刚性较大。因此，要激励农机产品直接进入农业生产过程，扩大农业需求量，必须对农机产品实行低价格政策或价格补贴政策。

（3）农机化发展模型的转换

从农机化供给与需求角度来考察，农机化的模型转换主要有两种形式：

第一，在要素不变的前提下，由于各要素的积累达到一定水平而带来产出规模的较大变动。在供给方面表现为转换系数的较大变动。由于这种变动一般是在技术创新条件下诱发的，所以是一种技术性的模型转换。

第二，由于经济环境和资源条件的变化，某些要素在一定阶段可能失去了对农机化供给与需求的调节作用，而产生新的制约要素。这种新的要素在一段时间内会对农机化产生显著影响。这种情况一般同经济体制相联系，所以是一种政策导向型模型转换。

第一种模型转换，可以通过相关的统计数据来说明，第二种模型转换则必须建立在政策分析基础上。

农机化供给的第一阶段到第二阶段的变化就是一种技术性的模型转换。通过对相关统计数据的分析，转换系数有了较大的变化。随着这种变化，其要素的排列顺序也发生了变化。这种变化是国家宏观调控措施的基本依据，农机需求量及需求结构在经济体制改革以后所发生的变化是一种政策导向型转换，因为，在经济体制改革以前，农机需求与计划配置是分不开的。因此，对这种需求量的分析没有经济意义。经济体制改革以后，价格机制占了主导地位。

在模型转换过程中，为了避免可能出现的震荡应采取必要的政策措施。例如，在农村实行家庭联产承包责任制的初期，如能采取有力措施，保护大中型农业机械，可以避免一些不必要的损失。在价格机制决定农机需求的转换过程中，也能在一定程度上避免农机化的畸形发展。当然，一些临时性的措施只是在农机化模型转换过程中才是必要的。国家对农机化经常性的调控措施还是应该建立在新的模型基础上。

（4）补充说明

农机的供给总量与需求总量不平衡时，可以直接调节供给要素或需求要素。但是，实际情况可能出现总量平衡下的结构不合理。这时，单靠调节前述的要素不一定能够达到调节的目的。这就需要对上述要素再进一步的分解。对分解的次一等要素进行局部调节。如果这种局部调节不能实现，那么总量的平衡是不稳定的，也是没有意义的。例如，从事运输业的拖拉机大幅度增长，带来了农机供给与需求的增加。同时种植业机械化水平的下降会带来农机供给量与需求量的下降。两者的综合可能对农机总量起消长平衡作用，但这种供给结构是不合理的。这就需要对供给与需求的次一等要素进行调节，对不同种类的农机产品实行不同政策。

三　农业机械化宏观调控体系

要实现我国农业机械化事业的健康发展，在社会主义市场经济条件下，必须建立完善的宏观调控体系及调控手段。

1. 国家指导农机化技术经济活动的基本宏观政策

政府职能部门在管理农机化技术经济活动时，必须依据一定历史时期国家发展农机化的基本方针政策。我国幅员辽阔，由于自然条件和经济条件不同，生产力水平和经济水平在各地是不平衡的。因此，选择性发展农业机械化既是生产力多层次的要求又是经济发展水平不平衡的要求。通过选择性发展农机化，国家对农机化的配置要有一个整体的布局，并制定相应的宏观政策。对于在一定时期内选定的优先和重点发展农业机械化的项目和地区，应通过行政、经济和法律等手段予以激励，保证其顺利发展；对于选定不宜超前发展的项目和地区，应采取相应手段和措施予以约束，适度限制其发展。要实行激励与约束相配套、激励为主、相互渗透的方针。同一项目在一定地区应予以激励，而在另一地区则可能予以约束。同样，对于同一地区，对有些项目应予以激励，有些项目则应约束。

2. 农机化技术经济活动的再生产方式的调节

农机化的再生产主要包括两方面：一方面是农机工业的再

生产，另一方面是农业机械使用过程的再生产。在农业机械化再生产过程中，要充分发挥市场机制作用，提高农机化经济效益。在此过程中要特别注意两个方面的问题。

一是在农机化全过程中建立平等竞争的条件。农业机械化系统处于工农两大产业的结合部，工农差别、城乡差别在该系统中都有所表现和反映。对农机工业来说，其产品是直接进入农业过程的，要保证农机工业的平均利润，与其他工业部门具有平等的竞争条件；农民使用农业机械主要是为了减轻劳动强度，提高劳动生产率，最终也要获得经济效益。因此，农业机械的价值作为物化劳动成本最终要在农产品的成本构成中体现出来。在工农业产品存在剪刀差的条件下，农机产品以商品能量形式向农业输入实际上存在着不等价交换。这就要求国家通过宏观调控措施来解决。

二是要理顺农机化全过程的经济关系。国家对农机化事业必须要有扶持措施。过去我国长期采取农机产品低价格政策加上价格外补贴等辅助措施来解决，结果是国家财政负担过大，也没有达到预期效果。在社会主义市场经济条件下，国家对农业机械化是否应该继续扶持以及怎样扶持是我国农机化发展需要继续探索的问题。对于这一问题将在下列各章进行重点分析。

3. 农业机械化技术经济活动的组织形式

经济管理机构是政府组织该项经济活动的职能部门。由于经济活动范围和内容不同，对组织形式的要求亦有所不同。农机化的政府组织形式必须与农机化技术经济活动范围和内容相一致。从活动内容来看，农机供给与农机需求是农机化发展过程中密不可分的整体，可以说是农机化发展过程中的两个侧面。因此，农机化政府组织职能首先要反映对这两方面进行协调的功能。从活动范围来看，农机化的要素并不是分布在工业系统或农业系统内，而是分布在两者结合部。也就是说，农业机械化系统并不为工业系统或农业系统所绝对包容，而是部分交差。不同系统要素的重组并不表现为系统之间的部分叠加，而是形成了具有特定内容和自身发展规律的新系统。从现行农机化管理机构来看，要改革农机工业管理与农机应用管理相分离的格局，以发挥这个系统的整体功能。这个组织机构的协调功能主要包括两个方面。

（1）外部协调

第一，与有关部门的组织协调。

农机化系统的共轭构成要素决定着农机化的外延。农机化管理的外部组织协调是指通过与相关部门联系，共同协调共轭要素。

第二，农机工业生产与一般工业生产之间的技术协调。

从技术发展史看，产业革命一般是以大工业技术革命为先导的。因此，工业（特别是以机械工业为基础的高技术产业）不仅是向其他产业提供装备的综合性产业，而且也是实现技术革命的摇篮。农机工业直接为农业生产服务，具有它的特殊性，但这并不排斥农机工业要不断吸纳工业技术成果，更有效地为农业服务，并使之不断现代化。这种不同部门之间的新技术结合也离不开正确的科学技术政策。

第三，经济关系协调。

在我国现行的二元经济背景下，要保证农机化全过程的经济协调，必须理顺两方面的经济关系：一是农机工业企业必须获得工业的平均利润；二是农民购买农业机械从事农业生产必须能够增加收益，改善生产手段与工作环境。要同时实现这两点要求就离不开国家的财政支持。要保证国家财政支持得到合理使用，也必须通过农机管理部门对各方经济利益进行协调。

（2）做好农机化规划

除协调外部关系外，农机化管理的重要任务就是制定农机化发展规划。根据选择性发展农机化方针，确定不同时期农机化的重点项目与地区及相应的实施方案。

第五章 农机工业的经济运行分析

一 农机工业主要经济量的考察

农机工业属于机械制造工业部门。因此，农机工业的主要经济量必须放在工业部门体系中进行考察。这里我们主要考察 C、V、m 及成本利润率。

（1）物化劳动成本 C

C 是农机产品在生产过程中转移到生产成本中的物质生产资料价值，即物化劳动成本。从农机工业企业角度来看，主要是指固定资产在生产期间内的消耗和生产过程中原材料、燃料等一次性物品的耗费。如果以社会作为耗费主体，则是指全社会农机产品生产过程中物质生产资料耗费总和，它与农机工业产值 G 与净产值 N 的关系是：$C = G - N$。

对于农机企业，C 应该按照工业成本核算原则，对物质消耗进行累积计算。固定资产按使用寿命进行折旧和大修提存。流动性生产要素费用、辅助材料及其他费用应该按实际投入计算。在价格双轨制期间，企业应按照计划价格和市场价格进行分项计算，计入物化劳动成本 C，因为只有这样，才能真实反映企业自身物化劳动消耗水平。

（2）活劳动成本要素 V

V 是活劳动所创造的价值中用于补偿个人消耗的部分。劳动者为自己劳动所创造的价值在数量上可以用必要劳动时间来衡量。为了便于计算也可以将其转化为商品生产过程中的劳动力再生产费用。

统计年鉴一般只给了净产值 N，即 V + M 部分。因此，需要进一步将 N 具体分解成 V 和 M。这里首先要根据劳动力再生产费用确定 V 的数值。根据背景材料所提供的情况，我国城乡劳动力的再生产费用均由两部分构成，即家庭直接消费支出和社会负担的消费支出，其中城乡居民的社会支出消费部分占总消费量的 40% 左右。[①]

在分析农机工业产品价值构成时，对活劳动成本 V 的计算，明确界定这两部分消费量及消费总量非常必要，因为只有这样才能比较真实地反映活劳动成本要素。

这里需要说明的是，每个农机工业企业的工人为一个工业标准劳动力。这也意味着农机工业的工人熟练程度为工业工人的平均熟练程度。对拥有几十万甚至超百万数量级的农机工人队伍（在若干年份数量有较大变化）做这样的估计是足够精确

---

① 刘福垣：《工农业收入差异》，重庆出版社 1990 年版。

的。农机工业工人同样从事工业生产，他们在进入生产过程以前的教育程度为城市后备人员的平均教育程度。因此，对农机产品中的活劳动成本要素 V，我们采用工业劳动力的再生产费用来计量。

我国工业也存在剩余劳动力，这些虚费劳动力在总量上加大了社会宏观活劳动成本。这些虚费劳动成本是社会无法支付的，基本分散地计入企业实际成本中去了。由于本书是进行工业内部比较，因此将这些虚费成本同时计入比较对象之中。

（3）剩余量 M

M 是剩余劳动所创造的价值，是企业利润和税金来源。根据背景材料的理论分析和实证比较得出：M 在单位商品中的大小不但取决于 V，而且取决于 C。M 是活劳动创造的，但 C 决定着活劳动 V 创造剩余劳动 M 的物质技术水平。

（4）商品总成本 K

商品总成本 K 是物化劳动成本 C 和活劳动成本 V 之和，即 $K = C + V$。

任何经济管理的本质都是成本管理。成本作为生产性耗费的补偿尺度反映着企业生产的运行规模。对成本的补偿是社会再生产的必要条件。合理的成本价格有利于衡量企业生产的实际经济效果。努力降低成本，使企业的个别成本低于同类产品的平均成本是企业在市场竞争中处于有利地位的重要条件。进行农机工业企业的成本核算是反映农机工业工作质量的重要方面。

成本利润率 P 是考核企业经济效果的重要指标，它是一定时期利润同产品成本的比例。即 $P = M/K = M/(C+V)$。

成本的降低意味着劳动总消耗的节约，利润量的大小决定着积累及社会福利的多寡。成本利润率中含有成本和利润两个经济量，因此，它综合反映着企业的工作质量。如果由于企业或部门的外部条件（包括计划价格因素、国家产业政策等）使得某行业或企业的利润外流，导致该行业的成本利润率下降则必然产生两种后果：一是对该行业的工作质量无法进行实事求是的考核；二是该行业的技术改造困难，职工的福利水平低。这样，尽管严格意义上的生产价格是由资金利润率确定的生产价格，资金的流动也是以资金利润率为取向的，但成本利润率过低也必然带来资金的流动。资金利润率绝对低于成本利润率。所以，尽管成本利润率不能像资金利润率那样全面地反映资金运用的经济效益，但作为一种趋势性的分析是能够说明问题的。本书采用成本利润率来分析农机工业企业经济效果。

（5）商品的价值 W

商品的价值包括转移到商品中的物化劳动 C 和全部活劳动所创造的价值 V + M，即 $W = C + V + M$。

商品的价值是商品价格的基础。在商品经济发达阶段，它转化成生产价格。在价值转移以后，个别商品或部门商品的价值与价格不可避免地产生背离，这种背离是通过剩余劳动 M 的价值让渡实现的。从全社会商品总和来看，价值和价格是基本一致的。因此，社会产品的产值构成对应于价值构成。

以上的重要价值范畴及各经济量的处理在下面分析计算中均有涉及，不另作说明。

二　不同价格体系下的农机工业产值、价格构成

1. 现行价格体系

现以 1982 年度为例，[①] 说明分析计算过程。

（1）工业一般情况

①工业活劳动成本 C

当年度工业产值：G＝5156.28（亿元）

当年度工业净产值：N＝1660.39（亿元）

物化劳动成本：C＝G－N＝3495.89（亿元）

②工业活劳动成本 V

城市居民人均生活费支出：X_1＝471（元）

工业劳动者平均负担人口数：X_2＝1.73

工业劳动者年生产费用的社会支出部分按总费用的 40% 计算，因此社会支出的费用：$X_3 = \dfrac{2}{3} X_1 X_2$。

———————————

① 主要资料来源于《1983 年中国统计年鉴》《中国农业机械基本情况》。各数量均为对应的可比数，不包括农村部分。

每位工业劳动者再生产费用总额 $X_4 = 1.667X_1X_2$

工业城市工人数：$X_5 = 5035$（万人）

工业活劳动成本：$V = X_4X_5 = 1.667X_1X_2X_5$

$$= 1.667 \times 471 \times 1.73 \times 50.5 \times 104$$

$$= 683.91 \text{（亿元）}$$

③ 剩余价值 M

$M = N - V = 1660.39 - 683.91 = 976.48$（亿元）

④工业产值构成 W

$W = C + V + M$

$5156.28 = 3495.89 + 683.91 + 976.48$（亿元）

⑤工业成本利润率 P_1

$$P_1 = \frac{M}{C+V} \times 100\% = \frac{976.48}{3495.89 + 683.91} \times 100\% = 23.36\%$$

（2）农机工业情况

①物化劳动成本 C

当年度农机工业产值：$G = 68.81$（亿元）

当年度农机工业净产值：$N = 19.29$（亿元）

物化劳动成本：$C = G - N = 68.81 - 19.29 = 49.52$（亿元）

②活劳动成本 V

$V = 1.667 \times 471 \times 1.73 \times 107.96 \times 104 = 14.66$（亿元）

③ 剩余价值 M

$M = N - V = 19.29 - 14.66 = 4.63$（亿元）

④产值构成 W

W = C + V + M

68. 81 = 49. 52 + 14. 66 + 4. 63（亿元）

⑤农机工业成本利润 P_n

$$P_n = \frac{M}{C+V} \times 100\% = \frac{4.63}{49.52+14.66} \times 100\% = 7.2\%$$

2. 价值价格体系

根据背景资料分析，C、V、M 经济量之间存在着下列关系[①]：$M = \sqrt{CV}$。

现以此式为依据，分析计算工业部门和农机工业的产值构成：

（1）工业一般情况

$$M = \sqrt{CV} = \sqrt{3495.89 \times 683.91} = 1546.2（亿元）$$

工业产值构成 W 为：

5726. 0 = 3495. 89 + 683. 91 + 1546. 2（亿元）

工业成本利润率 P 为：

$$P = \frac{M}{C+V} \times 100\% = \frac{1546.2}{3495.89+683.91} \times 100\% = 37.0\%$$

（2）农机工业

$$M = \sqrt{CV} = \sqrt{49.52 \times 14.66} = 26.94（亿元）$$

农机工业产值构成 W 为：

91. 12 = 49. 52 + 14. 66 + 26. 94（亿元）

农机工业成本利润率 P 为：

---

① 刘福垣：《工农业收入差异》，重庆出版社 1990 年版。

$$P = \frac{M}{C+V} \times 100\% = \frac{26.94}{49.52 + 14.66} \times 100\% = 41.98\%$$

上述分析结果表明，在价值价格体系下，农机工业的成本利润率应高于工业的平均水平。但在现行价格体系下，农机工业的成本利润率远低于工业一般水平。分析论证的结果不仅同人们的一般看法是一致的，而且这种差别是相当大的。

表 5－1 　　　　　　1982 年一般工业与农机工业价值价格分析 　　　　　单位：亿元

	各经济量	现行价格体系	价值价格体系
一般工业	物化成本 C_l	3495.89	3495.89
	活劳动成本 V_x	683.91	683.91
	剩余价值 M_x	976.48	1546.2
	产值构成 W_x	5156.28＝3495.89＋683.91＋976.48	5726＝3495.89＋683.91＋1546.2
	成本利润率 P_x	23.36%	37.0%
农机工业	物化成本 C_n	49.52	49.52
	活劳动成本 V_n	14.66	14.66
	剩余价值 M_n	4.63	26.94
	产值构成 W_n	68.81＝49.52＋14.66＋4.63	91.12＝49.52＋14.66＋26.94
	成本利润率 P_n	7.2%	41.98%

表 5 - 2   1983 年一般工业与农机工业价值价格分析   单位：亿元

各经济量		现行价格体系	价值价格体系
一般工业	物化成本 C_I	3872. 23	3872. 23
	活劳动成本 V_x	739. 25	739. 25
	剩余价值 M_x	1068. 34	1691. 91
	产值构成 W_x	5679. 82 = 3872. 23 + 739. 25 + 1068. 34	6303. 39 = 3872. 23 + 739. 25 + 1691. 91
	成本利润率 P_x	23. 16%	36. 69%
农机工业	物化成本 C_n	60. 56	60. 56
	活劳动成本 V_n	13. 95	13. 95
	剩余价值 M_n	8. 96	29. 06
	产值构成 W_n	83. 47 = 60. 56 + 13. 95 + 8. 96	103. 57 = 60. 56 + 13. 95 + 29. 06
	成本利润率 P_n	12%	39. 0%

表 5 - 3   1985 年一般工业与农机工业价值价格分析   单位：亿元

各经济量		现行价格体系	价值价格体系
一般工业	物化成本 C_I	6326. 33	6326. 33
	活劳动成本 V_x	1139. 11	1139. 11
	剩余价值 M_x	1381. 40	2684. 47
	产值构成 W_x	8846. 84 = 6326. 33 + 1139. 11 + 1381. 40	1014. 91 = 6326. 33 + 1139. 11 + 2684. 47
	成本利润率 P_x	18. 5%	35. 96%
农机工业	物化成本 C_n	107. 81	107. 81
	活劳动成本 V_n	28. 20	28. 20
	剩余价值 M_n	16. 64	55. 14
	产值构成 W_n	152. 65 = 107. 81 + 28. 2 + 16. 64	191. 15 = 107. 81 + 28. 2 + 55. 14
	成本利润率 P_n	12. 23%	40. 54%

三　农机工业在剪刀差条件下的价值与价格背离

工农业产品剪刀差反映着工业品与农产品在交换过程中的价值价格关系。如果两类产品的价格与价值一致，那么交换过程中就不存在剪刀差。因此，剪刀差的存在是以产品的价格与价值相背离为前提的。假定这两类产品在某一时点是等价交换，那么动态过程中的剪刀差主要取决于产品价格指数和劳动生产率指数的变化。

（1）某一时点的确定可以有两种方法：一是以时间为序列，核算产品的价值，然后和同期价格进行比较，价格与价值在以时间为坐标的平面上的曲线交点即为与价值不相背离的时点。二是在掌握某一时点翔实资料的基础上，核算该时点的价格与价值的背离程度。那么这一时点可以作为目标年剪刀差分析的基期。

（2）如果工农业产品的劳动生产率没有发生变化，那么剪刀差主要取决于产品价格指数的变化，即比价剪刀差。

（3）如果产品的价格指数没有发生变化，那么剪刀差主要取决于产品的劳动生产率指数的变化，即比值剪刀差。

（4）如果产品的价格指数与劳动生产率指数均发生变化，则剪刀差取决于价格指数及劳动生产率的相对变化，即综合比价比值差。

背景材料根据上述方法，以 1982 年度为基期测算了若干年份我国工农业剪刀差。基期 1982 年的计算分析过程由表 5 - 4 给出。

表 5 - 4　　　　　　　1982 年工农业产品价格剪刀差计算结果①

项目	单位	计算公式	数 量
工业总产值	亿元	(1)	7109
工业净产值	亿元	(2)	2354
工业物质费用	亿元	(3) = (1) - (2)	4755
农业总产值	亿元	(4)	2785
农业净产值	亿元	(5)	1893
农业物质费用	亿元	(6) = (4) - (5)	892
工业劳动者人数	万人	(7)	10707
农业劳动者人数	万人	(8)	38416 *
农民折扣为工人数	万人	(9) = (8) /2.2	17462
可比劳力总数	万人	(10) = (7) + (9)	28169
工人占可比劳动力比重	%	(11) = (7) ÷ (10) ×100%	38.01
农民占可比劳动力比重	%	(12) = (9) ÷ (10) ×100%	61.99
工农业净产值	亿元	(13) = (2) + (5)	4247
工业部门新创造的价值	亿元	(14) = (13) × (11)	1614
农业部门新创造的价值	亿元	(15) = (13) × (12)	2633
工业品价值	亿元	(16) = (14) + (13)	6369
农产品价值	亿元	(17) = (15) + (6)	3525
价格转移总额	亿元	(18) = (17) - (4)	740
工业品价格高于价值	%	(19) = (18) ÷ (16) ×100%	11.6
农产品价格低于价值	%	(20) = (18) ÷ (17) ×100%	21.0

---

① 摘自《经济研究》1990 年第 2 期，其中，农业劳动者人数，经复查该数据为 38416 人，原稿数据为 38146 人。

$$当年剪刀差绝对值 = \frac{价格转移总额}{农业总产值} \times 农副产品收购额$$

$$= 288（亿元）$$

下面根据上述方法，分析计算农机工业品价格与价值背离情况。

1982 年农机工业品价值与价格背离情况由表 5 - 5 给出。

表 5 - 5　　　　　　　　农机产品 1982 年价格价值分析

项目	单位	计算公式	数量
工业总产值	亿元	（1）	7109
工业净产值	亿元	（2）	2354
工业物质费用	亿元	（3）=（1）-（2）	4755
农机工业总产值	亿元	（4）	68.81
农机工业净产值	亿元	（5）	19.29
农机工业物质费用	亿元	（6）=（4）-（5）	49.52
工业劳动者人数	万人	（7）	10707
农机工业劳动者人数	万人	（8）	107.9528
农机工业劳动者占工业总数比	%	（9）=（8）÷（7）×100%	1.01
农机工业品新创造的价值	亿元	（10）=（9）×（2）	23.78
农机工业品总价值	亿元	（11）=（10）+（6）	73.30
价格转移总额	亿元	（12）=（11）-（4）	4.49
农机工业品价格低于价值	%	（12）÷（11）	6.1

资料来源：《中国统计年鉴》（1983 年、1986 年）、《中国农业机械化基本情况》，产值按当年价格计算。

根据基期求值法，若干年份（选择资料齐全的 1957 年、1965 年、1981 年、1982 年进行分析）农机工业品价值与价格背离情况由表 5 −6 给出。

表 5 −6　　　　　　　若干年农机产品价值价格分析计算

项目	单位	计算公式	1957 年	1965 年	1981 年	1982 年
工业劳动生产率指数	%	(1)	52.45	74.0	97.8	100
农机工业劳动生产率指数	%	(2)	55.48	73.5	86.6	100
农村工业品价格指数	%	(3)	98.59	104.2	98.4	100
农业生产资料价格指数	%	(4)	104.4	108.0	98.0	100
相对 1982 年比价比值系数	%	(5) = [(1)×(3)] / [(2)×(4)]	0.89	0.97	1.13	100
一般工业品与农机产品比价比值数	%	(6) = (5) ×119%	105.91	116.0	134.9	119
背离幅度	%	(7) = 1 −1 ÷ (6)	0.056	0.13	0.25	0.16
背离年度差异系数	%	(8) = (7) ÷0.16	0.35	0.81	1.56	1
农机产品交易额	亿元	(9)	7.88	22.59	62.9	68.81
交易额年度变异系数	%	(10)	0.12	0.23	0.92	1
背离绝对数	亿元	(11) = (8) × (10) ×4.49	0.042	1.2	6.4	4.19

资料来源：《中国统计年鉴》（1957 年、1965 年、1981 年、1982 年）、《中国农业机械化基本情况》，产值按当年价格计算。

1982 年工业品的价格指数为：

$$K_1 = \frac{7109}{6369} \times 100\% = 111.62\%$$

该年度农机产品的价格指数为：

$$K_2 = \frac{68.81}{73.3} \times 100\% = 93.8\%$$

基期 1982 年农机产品的综合比价比值系数为：

$$K = \frac{111.62 \times 100\%}{93.8 \times 100\%} \times 100\% = 119\%$$

分析结果表明，农机工业品的价格是低于价值的。1957 年，由于农机产品还没有从机械工业中分离出来，因此该年度农机产品的价格与价值背离幅度较小，不到 1 个百分点。其他年份的农机产品价格都背离了价值，背离幅度达 5%—10%。通过农机产品价格与价值分析也从一个侧面印证了农机工业利润远低于工业的平均利润水平。

四 农机工业低价格的历史考察

以上分析结果表明，农机工业在整个工业部门中处于低利润率和低价格状态水平，农机工业生产在工业部门中处于不利地位。上述计算是在总量中进行分量计算的，由于农机产品价格水平低于平均水平，因此，如果在总量中扣除农机分量，则农机工业的成本利润率将更低，价格与价值背离幅度更大一些。所以，分析结果是保守的。

长期以来，我国工业的发展资金主要来自农业的积累，即通过工农业产品剪刀差形式流入工业部门中的价值。农业机械同农业生产过程的直接结合，使这种不等价交换的矛盾突出地表现出来。工业品与农产品交换价值量的比较，使这种剪刀差的"差感"以实物形式强烈地表现出来。国家从剪刀差中获得资金积累，也找到了支持农业的直接途径，那就是不断地降低农机产品的价格，这是农机工业企业低利润率、低价格的直接原因。

20 世纪 50 年代初期，我国就已有一定数量的拖拉机和农具。农机产品同其他机电产品一样，在国家计划价格下，其成本利润率在 30% 左右。1958 年，在关于供应农田排灌机械的价格时，国家要求农机工业成本利润率降到 15% 或 20% 以下，并对中小型农具价格也做了安排，要求其价格不宜过高，但生产利润要同生产日用手工业产品的利润大体持平①。1959 年成立农业机械部以后，机械产品中的一部分农用机械被单独地称为"农业机械"，1961 年尽管对内燃机、拖拉机的价格进行了整顿，但还没有提出对农机产品实行低价格原则。1963 年由国务院批转全国物价委员会、农业机械部的《关于农业机械产品价格的报告》中明确提出了对农机产品实行低价薄利的原则，这份报告明确提出："在降低成本的基础上，根据保本微利的原则，有计划地降低农业机械产品的价格。"

党的八届十中全会进一步明确提出，为更有效地支持农业，进一步巩固集体经济，要降低农业生产资料价格。此后，农机产品从工业整体中被分离出来，实行低价薄利原则。从 1961 年到 1978 年，各类农机产品共有 10 次较大幅度的降价。降价的具体项目及幅度见表 5 – 7。

---

① 参见 1958 年第一机械工业部、水利部、中华全国供销合作总社《关于降低农田排灌动力机械价格的报告》。

表5-7   农机产品历年降价情况

年份	降价金额（万元）	降价幅度（%）	降价内容
1961	13000	20	拖拉机、内燃机
1963	6000	9.5	拖拉机、机引农具等
1964	2800	5	半机械化农具、拖拉机配件
1965	9800	10.8	拖拉机、内燃机、水泵等
1966	7000	15	内燃机、水泵、农具等
1967	25000	16.8	拖拉机、柴油机、联合收获机、机引农具
1971	5652	15.5	内燃机、水泵、齿轮箱、联合收获机
1973	2728	5.4	手扶拖拉机、小型动力机械配件
1975	1709	10	175柴油机、大型轴流泵、联合收获机
1978	32000	13	内燃机、齿轮泵、增压器、配件

农机工业企业的利润水平低于工业平均水平的状况之所以能够长期存在，是同当时高度集中的计划经济相联系的。在实行农机产品低价薄利政策的同时，国家对农机产品实行了统一价格政策和价格补贴政策。

1962年以前，中央统一定价的农机产品很少。中央统一定价的重要机械化产品（拖拉机、柴油机、柴油发电机组等主要动力机械及机具配件）只有65种，约占该类产品的1/3。绝大部分农机产品由地方定价。1962年国家对农机产品价格进行整顿以后，中央统一定价的范围逐步扩大，到1963年年底，重要的机械化产品中由中央统一定价的包括 5 大类 129 种，品种达 50% 以上，约占计划总值的 70%。对这些重要的农机产品都采取了全国统一出厂价、一物一价。对拖拉机、内燃机等维修配件也力求统一价格。对半机械化产品由于生产分散，自产自销，可由地方定价，但要集中由省级管理。

根据 1971 年全国农业机械化会议精神和国家计委《关于加强物价工作的通知》的要求，由第一机械工业部和财政部印发了《加强农机产品销售价格管理的意见》，《意见》要求农机应该统一销售价格，并保持适当稳定，各地应在省级范围内实行统一或暂时分片统一销售价格。1978 年开始对主要农机产品逐步实行全国统一销售价格，并规定，对全国有统一出厂价的农用动力机具、配件、联合收割机、排灌、运输、机引农具、农副产品加工机械在 1980 年以前一律实行全国统一销售价格。对没有全国统一销售价格的农机产品必须做到省级完全统一。采取农机产品统一价格的政策，说明农机产品低利润和低价格是一种政策性的"亏损"。农机产品的价格长期低于价值给农机企业带来了困难。在高度集中的计划经济条件下，这种政策性"亏损"也只能采取政策性的补偿措施。

为配合农机产品价格政策的具体实施，国家对农机工业品进行了价格补贴。价格外补贴和产销倒挂是价格补贴政策的两种基本形式。价格外补贴是农机经销部门按照统一出厂价加上批准的价格外补贴收购农机产品再按统一价格调拨销售，价格外补贴部分作为政策性亏损，是国家为解决农机企业经营困难对农机产品实行的补贴措施。

产销倒挂是指农机产品销售价格低于统一的出厂价，产生的政策性亏损直接由财政部门补贴。1978 年部分农机具，如犁、耙、播、中耕、脱粒、植保机械、旋耕机、机动插秧机和手扶拖拉机配套的双铧犁，由于工具成本高，国家要求降价销售，以低于出厂价出售，然后由财政部门给予补贴。

在财政补贴平抑农机产品低利润、低价格支撑农机工业的同时，农机产品以非商品形式向农业输入。我国机械化国营农场基本是由国家投资兴办的。国家向农场提供农机产品，农场向国家上缴农产品，农场利润上缴国家，亏损由国家补贴。在这种非企业化经营活动中，核算机械化农业追加投资效果既不可能也无意义。尽管国营农机站也曾经以代耕、代种等形式服务于农业，但到 20 世纪 90 年代初，还有数十亿元的机耕费不能回收。农机站的追加投资是无法计算和补偿的。同时，农村人民公社为农机产品非商品化进入农业提供了制度性的便利条件。60 年代后期，随着人民公社制度的变动，中央不仅把原国营拖拉机站下放给人民公社，而且从 1966 年开始把支持农村人民公社的投资用来扶植社队农机化，以农机产品实物形式来替代支农资金和贷款。尽管这些措施有力地促进了农业机械化事业的发展，但由于农村集体单位出钱很少或根本不需花钱得到农机产品，农民处于受援地位，没有选择机械设备的自主权。同时，国家在分配农机产品时，包产包销，硬性分配，掩盖了部分农机企业粗制滥造，降低了农业机械化的经济效益。农机工业的低利润在扭曲的计划机制中不可能清楚地显示出来。

综上所述，长期以来农机产品的价格是低于价值的，同时由于工农业产品剪刀差的存在，农机产品与农产品之间仍然存在着剪刀差。工农业产品剪刀差的存在，在一定时期内是国家工业化的发展需要，是农民向国家提供积累的主要途径。农机产品的低利润实际上体现着国家对农业的支持，这种支持的方式就是降低农机产品的价格。这种状况之所以能够长期存在，一方面得益于国家的统一价格政策和价格补贴政策的支撑，另一方面借助于农机产品非商品化向农业输入。这种运行机制掩盖了实际早已存在的农机产品的低效益，因此，也不可能反映机械化农业追加投资的价值增值要求。随着经济体制改革，这种矛盾逐步暴露出来。

五　农机工业低利润率、低价格造成的后果

农机工业是整个工业特别是机械工业的有机组成部分。农机产品的原材料、加工工艺、产品的机械性能及技术的先进性都取决于工业技术的发展水平。同类产品所形成的市场价值、不同商品生产部门的平均利润的资金取向，对农机工业形成了巨大的市场压力。

在商品经济条件下，某种商品只要不是独家生产，生产该商品的各个企业之间必然产生竞争，该商品的市场价格是由生

产同种商品的部门平均条件（包括技术水平、劳动生产率等）所决定的。同种产品的出售必须依照这一市场价格。因此，各方面条件有利的企业能够获得超额利润，条件不利的企业，其部分价值得不到社会承认，每个企业实际所获得的利润是不相等的。

部门之间竞争的结果是利润平均化。等量资金获得等量利润是商品经济条件下资金的自然取向，否则利润率较低的部门就会产生资金转移，向较高利润率的部门流动。随着资金转移和价格的消长，各个部门的利润率趋于一致，形成平均利润。由于有机构成的不同，这种平均利润率的形成是通过不同部门所创造的价值让渡实现的。这种让渡的原则就是等量资金获得等量利润。

农机工业品的交换应同一般工业产品一样，在补偿物化劳动、活劳动部分以后能够获得必要的利润，以完成国家税收和进行企业的技术改造和扩大再生产。农机工业尽管存在计划约束，但低利润所引起的资金局部转移仍将不可避免。在市场机制作用下，农机企业之间存在竞争。各方面条件优越的企业通过提高农机产品质量，降低成本，在同类企业的竞争中处于优势。同时，部分企业逐步丧失竞争能力，无力发展。剪刀差对这些企业的改行、资金转移起加速作用。在一些企业率先改行以后，剩下的企业如果继续在低利润水平下经营，则企业的技术改造仍然困难，工人福利水平下降，使整个农机行业落后于其他部门。

由于改变了生产品，改行的农机企业必须对原有的设备进行改造，对工人进行新的技术培训，这将不可避免地造成部分农机制造设备闲置，大大降低农机工业的生产能力，带来人、财、物的巨大浪费。

1978年，农机产品成本利润率已由原来的30%降低到8%（资金利润率为3%—4%），1981年由于农机产品的成本上升，其成本利润率进一步下降。当年42%的农机工业企业亏损。

1984年以后，我国的农机马力数及农机工业总产值超常回升。通过对农业机械总动力及总产值的构成分析可知，农机总量的这种增长是同农机价值补偿的各种渠道相联系的。营业性运输拖拉机绝对数及相对比例数迅速上升，但种植业机械化水平相对比例数基本呈下降趋势。因此，这种非常态增长趋势是不容乐观的。这一点通过农民在经济体制改革以后对农机化的选择情况可以清楚地反映出来。由于农机工业品相对于其他工业品来说仍然是便宜的，因此，使用农业机械从事非农产业必然成为农民的自然选择。其结果是，一方面农机工业萎缩，另一方面农机非农用化畸形发展。

表5-8　　　　　　　　　农业机械化的总动力构成

年份	农机总动力 （万千瓦）	大中拖动力 （万千瓦）	小拖动力 （万千瓦）	加工动力 （万千瓦）
1976	8623.46	1284.41	689.23	/
1977	10255.01	1494.92	921.47	/
1978	11741.92	1755.03	1171.22	/

续表

年份	农机总动力 （万千瓦）	大中拖动力 （万千瓦）	小拖动力 （万千瓦）	加工动力 （万千瓦）
1979	13370.10	2102.54	1432.52	/
1980	14549.55	2372.95	1618.00	/
1981	15682.77	2551.63	1775.10	/
1982	16607.62	2648.94	2001.77	/
1983	18017.35	2708.11	2389.85	/
1984	19501.64	2783.22	2876.36	3572.02
1985	20833.84	2745.72	3357.83	3622.09
1986	22822.73	2812.32	4011.53	3906.96
1987	24904.40	2881.30	4706.09	4056.07
1988	26524.33	2872.96	5322.29	4178.57
1989	28005.74	2812.60	5841.64	4282.02

资料来源：《中国农业机械化基本情况》，《农业机械化年报》（1984—1989年），《1993年全国农牧渔业统计资料》。

第六章　农业机械向农业输入过程分析

农业机械化是工业物质以商品能量形式向农业输入的过程，农业机械化的投入实质上是对农业的追加投资。因此，在农业机械化技术经济活动过程中，除投资的补偿以外，还必须满足这种追加投资的价值增值要求。

这里首先应该明确投资主体。

农机工业企业是从事农机工业品生产和流通的基本经济单位。我国绝大部分农机企业是由国家投资兴建的。因此，对于全民所有制的农机工业企业来说，可以认为国家是投资主体。在社会主义市场经济条件下，企业是独立经营、自负盈亏的法人实体。这种法人实体除执行国家宏观经济政策以外，还要考虑本企业的利益，扩大再生产和改善职工福利条件。因此，对农机工业企业来说，其产品在出售时必须考虑它的成本和利润，即农业机械进入农业生产领域必须以商品形态出现。

购置农业机械从事直接的农业生产是对农业的追加投资。因此，这里的投资主体是十分明确的，即购置者就是投资主体

（农户、联户、集体经济组织或其他合作经济组织者具有同样的性质）。在目前我国农村，购买农业机械并非都是用于农业生产的。本书所讨论的是直接用于农业生产的农业机械。

一　农业机械化追加投资的质的规定性及量的要求

承认农民是独立的生产经营主体，则其资金的循环过程如下：

$$G——W \left\{ \frac{A}{P_m} \cdots P \cdots W'——G' \right. \tag{1}$$

上式中，

G：货币资金，用于购买农业机械；

W：生产资金，表现为劳动力 A 和生产资料 P_m 的费用；

P：机械化农业的生产过程；

W'：商品资金，形态是商品农产品；

G'：增值后的货币资金。

对上述资金循环过程需要做下列说明：

我国众多的农业生产单位还不具备企业的典型特征。因此，其资金的现实运行不完全具备一般企业资金循环的纯粹形式，具体表现在：

（1）$G——W \left\{ \frac{A}{P} \right.$　过程

一般来说，农业生产并非一定从对生产资料和劳动力的购买开始。例如，农业的制种可以通过对上年度储备的优质农产品的加工来实现，其过程是由一种实物形态到另一种实物形态，可以不需要货币作为中间媒介。当然，这并不排斥某些农业生产单位通过购买来完成这一过程。除了较大规模的机械化农业，一般不需要花费大量的货币资金来购买农业生产资料。我国的农业生产主体已发生了很大变化，一些农户从事其他产业。为了保证农业生产，在农忙时委托他人代为劳作，但从整体情况来看，我国的农业生产主要是生产资料和生产经营主体的直接结合。这既不同于资本主义企业对劳动力商品的购买，也不同于我国工业企业对工人工资的支付。农业活劳动一开始是没有直接预付地投入农业生产中去的（如果从再生产过程考察，这种预付则表现为农业生产力的再生产费用）。

（2）…P…过程

农业的生产时间并不取决于劳动时间。工业企业的劳动时间，可以通过提高产品性能、生产技术水平和科学技术的应用来缩短，以提高资金的循环与周转速度。农业的自然再生产是农业培育的动植物按照一定发展规律循环往复的生长、成熟和繁殖的过程。农产品的生产过程必须以自然再生产为基础。

（3）P…W′过程

农业生产过程的最终成果是农产品。同经济再生产和自然再生产相联系，农产品的质量与数量，一方面取决于经济再生产过程中行为主体对生物过程的协调与控制；另一方面同土地的肥力、气候、水文等自然条件相联系。从价值构成角度考察，农产品的价值包括生产过程中的物化劳动转移部分 C，农业活劳动新创造的价值（V＋m），其中 V 为补偿劳动力的再生产费用，m 是农业利润。W′并不完全表现为商品资金。它有三个基本组成部分。

令：$W' = W'_1 + W'_2 + W'_3$

W'_1是国家收购部分。这一部分无论是合同定购或直接收购总是表现为商品。

W'_2是农民基本生活资料扣除。主要包括农民口粮、种子和饲料。由于这一部分一般不需要经过交换环节而直接进入消费，严格来说，它不具备商品特性。随着社会分工，农业生产的专业化社会化的发展，W'_2在 W′中的份额应该不断下降，下降的程度反映着农村商品化程度的提高。从再生产过程考察，这一部分是农业劳动力再生产费用的一部分，所以它对经济核算仍然是有意义的。

W'_3是 W′中扣除 W'_1及 W'_2的剩余部分。这一部分可以分解为若干个部分。其中一部分仍可以由农民在完成合同定购以后，国家采取必要的经济手段，在农民自愿基础上再次进行收购的部分。也有一部分直接上市，产销双方直接见面，可以进入批发市场或零售市场。目前，不少城市居民直接从市场上购买粮食，这一部分还有不断增长势头。

在 P···W′过程中，W'_1及 W'_3表现为纯粹的商品资金，随着商品经济的发展，农村商品化程度的提高，其份额越来越大，对机械化农业将产生直接影响。

（4）W′——G′过程

农产品的价值实现，由商品农产品向货币资金转化。在W′的三个基本组成部分中，W'_1、W'_3是农民所获得的货币收入。W'_2作为农民基本生活资料的消费部分，具有补偿农民劳动力支出的经济意义。因此，在农民总收入的构成中，货币形式的收入只占一部分，更多的是实物性收入。农业机械化是工业物质以商品能量形式向农业输入。因此，它必须以农民拥有一定量的货币收入为基础。

随着我国农业由传统农业向现代化农业转化，由自给半自给的农业生产向较大规模的商品生产转化，农业生产单位的资金循环将越来越取得产业资金循环的纯粹形式。农业生产单位无论采取何种经济组织形式，其部分资金的循环将不可避免地依次采取货币资金、生产资金、商品资金，然后再回到货币资金形式上。

为分析农业机械化追加投资的质的规定性及量的要求，依照农业生产方式的不同，我们可以得出手工工具及人畜力生产方式（形式Ⅰ）及机械化农业生产方式（形式Ⅱ）两种不同的资金循环的具体形式。

为了便于比较分析，对农业劳动力报酬采用日值计量，非商品农产品 W'_2 部分以一定量的价格表示。

形式Ⅰ的资金循环：

$$G_I \text{——} W_I \left\{ \frac{A_I}{P_{mI}} \quad \cdots P_I \cdots W'_I \text{——} G'_I \right. \tag{2}$$

式中，

G_I：表示在手工工具及人畜力生产方式条件下，农业生产的货币资金，主要包括农业生产资料购置金、种子费等及补偿农业活动劳动的日值总量。

W_I：生产资金，表现为有一定使用价值量的农业生产资料，种子及具有一定技术能力的农业劳动者的报酬。

P_I：手工工具及人畜力生产方式的农业生产过程。

W'_I：农产品商品资金，其实物形态是具有一定质和量的农产品，其价值包含一般农具及农业生产资料价值的转移及农业活劳动凝结的价值，它取决于劳动的质量和数量。农业活劳动凝结的价值，尽管不是商品资金形态，为了便于分析，按一定价格将其折算成商品。

G'_I：是在这种生产方式下农民的收入，包括货币收入及实物性收入，货币收入和实物性收入构成同商品经济的发展程度有直接关系，实物性收入不能完全提供农民的基本生活资料，但追加投资一般是货币形式的积累收入。

形式 II 的资金循环：

$$G_{II}——W_{II}\left\{\begin{array}{c} A_{II} \\ \hline P_{mII} \end{array}\right. \cdots P_{II} \cdots W'_{II}——G'_{II} \quad\quad (3)$$

上式各项中均考虑农业机械份额，其经济意义同上。式（3）是农业机械化同农业各种生产要素综合的资金循环过程，机械化并不是在式（2）基础上"机械式"地发挥作用，而是在新的生产方式下新的资金循环。进一步考察机械化农业对传

统农业的综合替代作用，令式（3）－（2）

$$(G_{II}-G_I) \text{——} (W_{II}-W_I) \{ \frac{(A_{II}-A_I)}{(P_{mII}-P_{mI})} \cdots (P_{II}-P_I)$$

$$\cdots (W'_{II}-W'_I) \text{——} (G'_{II}-G'_I) \tag{4}$$

从质的角度考察，式（4）的经济意义在于，通过对农业的追加投资，可以提高农业生产效益，获得更多的商品农产品，并由新增加的商品农产品的价值来补偿追加的农业机械化的投资及同期利息，并获得农业利润，即追加的农业机械投资的目的在于价值增值。因此式（4）是对自给自足的农业生产方式的否定，它反映着商品经济的本质特征。式（4）同式（2）及式（3）的意义不同，它消除了自然经济成分的影响，取得的是产业资金循环的纯粹形式。农业机械化，工业物质以商品能量形式向农业输入，同商品生产直接相联系。如果这种输入封闭在自给自足的自然经济中，就不可能产生相应的能量效应。农业机械化就不可能实现。从系统角度考察，系统的输入能量必须以新的物质、能量、信息等形式向系统外部传递。机械化农业的商品农产品交换是工业物质商品能量向外部传递和交换的必然形式。否则，农机工业物质就不可能源源不断地以商品能量形式向农业输入，就不能实现农业机械化。

机械化农业对传统农业的替代，不可避免地置换出部分农业劳动力（$A_{II}-A_I$），这些劳动力的转移为发展多种经营提供了条件。多种经营收入可以间接补偿农机投资，但问题的实质并没有因此而发生变化。

从量的角度分析，需要考察机械化农业对传统农业替代的量的要求。

这里分两种情况分析。

第一，$G'_I > G_I$ 时，表示传统农业经营是经济的。在此条件下，机械化农业也必须经济。从资金取向和扩大再生产的要求来看，机械化农业的必要条件由（5）式给出：

$$G'_{II} > G_{II} + P \tag{5}$$

P 是同期农业机械追加投资利息。

由于农业资源的强约束，我国农业机械化不可能完全建立在新开垦的处女地上。

因此，机械化农业整体上是对现有传统农业的替代。这种替代的充分条件是机械化农业增加农产品的能力和经济效益优于传统农业，即机械化农业的充分条件是：

$$G'_{II} - G_{II} - P > G'_I - G_I \tag{6}$$

第二，当 $G'_I < G_I$ 时，表示传统农业是不经济的。

我国农业生产力水平低，特别是在人民公社制度下，农业活劳动投入效果异常低下。如果严格地按照企业化经营管理要求进行成本核算，在不少地区农业经营确实不经济。但是这种不经济在过剩而异常廉价的农村劳动力存在条件下被掩盖了。尽管如此，但在一些地区实际上还存在着"按劳分亏"现象。

在此条件下，机械化农业存在下列两种情况：

（1）机械化农业是经济的

这种情况的发生意味着，在农村生产力水平和经济水平低的条件下，采用机械化农业，一方面大幅度地提高农业劳动生产率，将农村潜在的过剩劳动力强制性地置换出来，使潜在的农村失业劳动者转化成停滞的过剩劳动力。停滞的过剩劳动力与潜在的过剩劳动力显示着不同的农业生产方式。停滞的过剩劳动力的另一极是高效率的机械化生产并能提供大量的农产品。这些农产品不仅能够满足在业人口和工业原料的需要，而且也要能为停滞的过剩人口提供基本生活资料。因此，这个过程伴随着农业简单劳动力日值的贬值，为多种经营及工业化和城市化提供廉价的劳动力市场。潜在的过剩劳动力与低效率低劳动日值并存。由于传统农业的不经济，只要机械化农业是经济的，那么这种替代的必要条件和充分条件同时成立。要实现这一点，必须具备强大的工业技术基础，为农业提供大量的廉价的农机工业品。同时，国家要为多种经营及劳动力转移创造条件。

（2）机械化农业与传统农业都是不经济的

此时又存在下列三种情况：

$$①G'_{II} - G_{II} - P = G'_{I} - G_{I} \tag{7}$$

式（7）表示，机械化农业与传统农业的不经济程度等同。在此条件下，如果没有其他产业对农业过剩劳动力产生迫切要求，多种经营的发展缺乏发育的市场，过剩的劳动力就业困难。

这种条件下的农业机械化是不稳定的。即使实现了一定的机械化作业，但是在某一因素发生变化时，随时可能出现过剩劳动力回流到农业中，排斥机械化。

$$②G_{II} - G'_{II} - P < G_{I} - G'_{I} \qquad (8)$$

式（8）成立，意味着机械化农业的不经济程度低于传统农业。机械化具有减轻农业的贫困程度作用。在此过程中，同样伴随着农业过剩劳动力的贬值，对促进农业劳动力转移具有激励作用。因此式（8）也是在一定条件下实现农业机械化的经济条件。

$$③G_{II} - G'_{II} - P > G_{I} - G'_{I} \qquad (9)$$

式（9）表示，机械化农业的不经济程度比传统农业的不经济程度更大。在此基础上实现农业机械化只能带来农业的更加贫困化。农业机械化的追加投资不可能达到相对增值的效果。

式（5）（6）（7）（8）（9）所确定的关系是机械化追加投资量的变化的五种情况。这五种情况在不同阶段或同一阶段的不同地区都有可能发生。

通过对式（4）的质与量的分析，可以得出下列结论。

第一，农业机械化是通过对农业追加机器购置投资实现的。追加投资的目的是使单位劳动力具有生产更多的商品农产品的能力，实现价值增值，因此，同机器大工业生产方式相联系，它具有商品生产的本质特征。在自给自足的封闭的自然经济系统中，由于工业物质的商品能量输入不可能以新的商品交换形式传递，因而，不可能实现农业机械化。

第二，机械化追加投资的量的要求必须满足下列充分必要条件：

$$①条件式：G'_I > G_I$$
$$必要条件式：G'_{II} > G_{II} + P$$
$$充分条件式：G'_{II} - G_{II} - P > G'_I - G_I \tag{10}$$

$$②条件式：G'_I < G_I$$
$$充分必要条件式：G_{II} - G'_{II} - P < G_I - G'_I \tag{11}$$

二　农机商品向农业输入过程的经济障碍

式（4）反映着机械化农业追加投资的价值增值要求。其实现条件在于资金循环的各个阶段能够顺利进行，亦即下列三个过程的实现：

过程（一）：

$$(G_{II} - G_I) \longrightarrow (W_{II} - W_I) \begin{cases} (A_{II} - A_I) \\ (P_{mII} - P_{mI}) \end{cases}$$

过程（二）：$P_{II} - P_I$

过程（三）：$(W_{II}' - W_I') \longrightarrow (G'_{II} - G'_I)$

第一，过程（一）及过程（三）的实现条件在于，按照农业机械化商品生产要求，实现农机工业品与商品农产品的等价交换。如果这一点不能实现，则上述资金循环过程存在障碍，即农机商品向农业输入过程存在着经济障碍。

第二，过程（二）的实现条件在于，农业机械与农业生产能否有效结合。亦即农业机械化追加投资环境的优劣程度。追加投资环境的优劣直接影响农业机械化的作业效益和劳动生产率的提高程度。如果这一条件不能实现，则表示农机商品向农业输入过程存在着技术障碍。

上述农机商品向农业输入的经济条件和技术条件是相互关联的。

如果条件（一）不能实现，即两个交换过程存在不等价交换，那么农机产品的价值补偿与增值必然对机械化农业的增产效果或机械化作业条件提出超经济要求。

反之，机械化农业由于条件限制其构成要素不能有效结合，机械化作业效率下降，引起追加投资上升或不能保证商品农产品的有效增长，即使是在等价交换条件下，也不能按照商品经济的原则实现农机商品向农业顺利输入。

本节主要讨论农机商品向农业输入的经济障碍。

在第五章中，我们分析了农机工业低利润率、低价格的情况。尽管这样，农机工业品与农产品之间仍然存在着剪刀差。以1982 年为例，该年度农机工业品的价格与价值的背离幅度为6. 3%，而当年农产品的价格与价值背离幅度为 21%。这意味着，农机产品与农产品之间仍然存在着不等价交换，也就是说，农机商品向农业输入的过程中存在着经济障碍。

这种经济障碍的存在严重影响了农业机械化发展。

（1）提高了机械化替代的劳动力日值，缩小了机械化可行范围。

从成本角度分析，机械化的作业条件为：

$$C_0 + N（La_1 + b_1）＜N（La_2 + b_2）$$

式中，

C_0：机器的固定费用（元/年）；

N：机器在一定期内的作业量（亩、吨、吨公里）；

L：劳动日值（元/工·日）；

a_1：机器作业单位作业用工量（工日/亩、吨、吨公里）；

b_1：机器作业单位作业的可变费用（元/亩、吨、吨公里）；

a_2：人畜力作业时单位作业的物质费用（工日/亩、吨、吨公里）；

b_2：人畜力作业时单位作业用工量（工日/亩、吨、吨公里）。

整理得：$L > \dfrac{C_0}{N\,(a_2 - a_1)} - \dfrac{b_2 - b_1}{a_2 - a_1}$

设 ΔC 为剪刀差值，则

$C' = C_0 + \Delta C$

$L' = \dfrac{C_0}{N\,(a_2 - a_1)} + \dfrac{\Delta C}{N\,(a_2 - a_1)} - \dfrac{b_2 - b_1}{a_2 - a_1}$

$L' - L = \dfrac{\Delta C}{N\,(a_2 - a_1)} > 0$

上式表明，由于农机商品向农业输入存在着经济障碍，使机械化替代的劳动日值由 L 上升到 L'，亦即由于剪刀差存在使本来在劳动日值为 L 的地区具有实现机械化的条件上升到劳动日值为 L' 的地区，所以机械化的可行性范围明显缩小。

（2）对机械化农业的增产幅度提出超经济要求。

购置农业机械是对农业的追加投资，其价值直接转移到农产品的价值构成中。从农业机械化的一般意义来说，这种价值

的补偿及追加投资的价值增值需要靠出售更多的商品农产品来实现。农机产品与其他工业品的不同点在于，农业机械直接进入农业生产领域，而其他机电产品主要进入消费领域或其他产业。因此，农机工业品的价值补偿同商品农产品之间存在直接的交换关系。农机工业同农产品之间存在的剪刀差大小给机械化农业的增加商品农产品的幅度提出超经济要求。由于农产品价格低于价值，则少量的剪刀差表现为较多使用价值的农产品。在其他条件不变的情况下，要求多增加的商品农产品数量为：

$$\Delta C = \sum_{i=1}^{N} P_i M_i$$

$$或 \ \bar{M} = \frac{\Delta C}{\sum_{i=1}^{N} P_i / n}$$

式中，

$\bar{M}$：农产品混合平均价下农产品数量（公斤）；

ΔC：剪刀差差值（元）；

i：农产品的种类；

P_i：i 种农产品的价值（元/公斤）。

农机商品在向农业输入的过程中存在着经济障碍，是农机化经济效果不佳的重要原因之一。由于农村农机投资效果低，因此不可避免地带来农村资金的转移。

资金对利润的渴望，激励着我国商品经济意识不断增强的农民在宽松的农村政策大气候中采取了理性的选择。农村乡镇企业的崛起，不仅是我国农村劳动力资源丰富，也是农村资金寻求出路的必然结果。剪刀差对资金的这种流动起了十分重要的导向作用。乡镇企业的生产品一般是工业品，不承担工农业产品剪刀差。利用农业机械从事非农产业实质上是农机化追加投资价值补偿方式的变化。营业性运输拖拉机不可抑制地超常发展从正面说明了农机运输作业给农民带来了效益。利用农机从事运输业同其他交通工具如农用汽车等相比其不经济性是明显的。农机运输工具相对工业交通工具是便宜的，但价值的补偿方式却是相同的。

从事农产品加工，可以从农业取得廉价的农产品原料，经过加工的农产品成了机器大工业的物质成果。这种轻工业消费品要求获得工业品市场，参与分享工农业产品剪刀差所带来的超额利润。据统计，农产品加工业的利润水平高于工业平均利润约24%—50%。农产品加工业这一产业在超利润的甘露中不断成长壮大，甚至在产业结构调整中要求限制和压缩，但近年的事实证明，这种限制只不过是下一次再膨胀甚至更大膨胀的能量积累。

伴随着农业机械化的价值补偿方式的多样化，农业机械化的外延得到前所未有的扩张，甚至人们主张用"农村机械化"概念来概括这一技术内容，近几年农机马力迅速回升和增长、部分农机产品市场坚挺，不能不说同此有着密切联系。种植业生产过程机械化的萧条同上述情况形成了鲜明对比。主要作业项目机械化水平连续几年下降，直到1988年才略有回升。1988年的农机工业总产值是1976年的三倍多，但是，种植业农机投入量所占的份额是急剧下降的。这说明种植业机械化的追加投资没有实现价值增值。从农机作业收入构成来看，运输收入占总收入的七成左右，小型运输拖拉机动力急剧上升。

造成上述情况的原因除农机商品向农业输入过程中的经济障碍以外，还同它的技术障碍有关。

表6-1　　　　　　　　　　若干年农机化作业收入构成　　　　　　　单位：万元

年份	农机作业收入	其中运输收入	
		数量	比重（%）
1985	991078.93	71046.08	72
1986	2702549.82	1859192.91	69
1987	3262307.27	2243926.73	69
1988	4121239.95	2759207.52	67

资料来源：《农业机械化年报》，统计总量中包括国营农机站、集体及合作经济组织、农机户。

表6-2　　　　　　　　　种植业主要作业项目机械化水平　　　　　　　单位：万亩

年份	机耕面积		机播面积		机收面积	
	数量	%	数量	%	数量	%
1975	49804.9	33.3	11796.6	5.3	3445.6	1.9
1976	52369.4	35.1	15319.1	8.5	3794.2	2.1
1977	57613.0	38.7	16308.0	7.3	4000.2	1.8
1978	61005.5	40.9	19995.0	8.9	4688.1	2.1
1979	63329.0	42.4	23278.0	10.4	5759.9	2.6
1980	63136.0	42.4	23328.0	10.9	6531.5	3.1
1981	57077.0	38.4	21124.0	9.7	5987.6	2.7
1982	55814.0	37.7	20298.0	9.4	6882.7	3.2

续表

年份	机耕面积		机播面积		机收面积	
	数量	%	数量	%	数量	%
1983	50357.3	34.1	17945.0	8.3	6803.5	1
1985	56547.2	38.9	29326.5	9.4	7638.0	3.6
1986	58968.3	40.9	19737.0	9.1	7377.8	3.4
1987	62760.9	43.6	23479.3	10.8	9769.9	4.5
1988	67043.7	46.7	25294.4	11.7	11676.5	5.4
1989	69065.2		28498.5		13085.7	

资料来源:《农业机械化年报》(1976—1989 年)。

三　农机商品向农业输入过程的技术障碍

…P_{II}…泛指机械化农业的生产过程。农业生产中构成要素状态所反映的技术关系决定着农业机械化的追加投资环境。这种技术关系是否符合机械化农业生产方式的要求决定着农机商品向农业的输入过程是否存在技术障碍。因此,对这一问题的分析,主要考察土地、农民技术水平与农机农艺配合等方面机械化农业的生产方式要求。

1. 土地

土地是农业的基本生产资料,同时也是农业机械化的加工对象和实施场所。它既是农业的构成要素,又是农业机械化的构成要素。由于所处的关系不同,对土地的状态水平的要求亦不同。作为农业的构成要素,要求土地具有较高的肥力,符合不同作物生长的土壤特性、水文气候条件等。精耕细作，努力提高单位面积产量，提高复种指数、充分利用土地是农艺技术的要求。由此，人们采取农田基本建设、土壤培肥、水土管理、土壤耕作、病虫害及杂草治理等，对土地进行集约化经营。作为农业机械化的构成要素，对土地的要求是形状、大小、平整度等几何参数（土壤坚实度属于土壤特性，对机械化作业阻力也有影响）。因此农业机械化追加投资环境的优劣及农机商品向农业的输入过程，对土地技术关系的要求，主要是土地的几何参数是否符合机械化农业的要求。地块的大小与农机作业效率的相关性是显而易见的，在工作量一定的条件下，农机作业效率越高，单位工作的成本越低，农机化追加投资的补偿越容易实现（见表6-3）。

表6-3 　　　　　　　　地块形状与三铧犁机组工作效率

地块长度（米）	地块宽度（米）	机组幅宽（米）	工作效率①（％）
30	10	0.9	50
50	10	0.9	60
100	10	0.9	80
250	10	0.9	85
500	10	0.9	90
1000	10	0.9	95

① 工作效率：指完成某一作业量的有效作业时间与作业总时间的比值。

以 1000×10（平方米）地块为标准，亩作业成本按 0.82 元计算，则其他形式地块的成本指数由表 6-4 给出。

表6-4　　　　　　　不同地块的亩作业成本指数及成本

地块形状（米×米）	亩作业成本指数（%）	亩成本绝对数（元）
1000×10	100	0.82
500×10	106	0.87
250×10	112	0.92
100×10	119	0.97
50×10	158	1.30
30×10	190	1.59

上述计算从一个侧面说明了机械化农业对土地连片作业的要求。

家庭联产承包责任制之所以能获得成功，主要是因为调动了亿万农民的积极性，大大改善了农业活劳动的投入效果。但它所付出的代价是，耕地被分割，农作物连片合理布局困难。这些代价构成机械化作业的不利因素，成为农机商品向农业输入过程的严重技术障碍。从自然物的形态本身来说，农业对土地肥力、土壤特征等条件的要求与机械化对土地的几何参数的要求并不是矛盾的，因此在稳定家庭联产承包制的前提下改善农业机械化追加投资环境是有可能的。

建立农机化服务体系，对扩大机械化服务面积、提高农机作业量都具有积极意义。但提高机械化追加投资效益，实行土地连片承包，机械化连片作业是一种更理想方案。

连片承包不改变家庭联产责任制的经营形式，继续利用这种承包的优势，同时在一定程度上克服土地分割细的不利因素。

连片承包的困难主要来自两个方面。第一，由于土地的质量及位置不同，实行连片承包会使一部分经营者完全种植优等地，而另一部分承包者去经营中劣等地。由于地级不同，等量投入所获得收益存在差异。第二，近十几年来，由于承包者管理水平及投入不同，各地块上已投入的固定资产及土地改良情况存在差异，这些差异给重新分级连片承包带来困难。

由于这些困难的存在，分级连片承包需要对土地的自然力和经济力进行准确的测定和综合评价。在自然力方面，评价内容主要包括地势、地貌、土壤、水文、地质、植被、气候等；在经济力方面，主要包括地理位置、交通条件、水利条件等。这就要求在土地资源普查的基础上，分析投入与产出的关系。

对现有土地的投入主要包括农业机械、水利设施等在较长时间内起作用的固定投入。这一部分投入可以随着土地经营权的变化随着承包者迁移。兴建经营建筑物、营造生物保护林等特殊情况，可以尊重承包者的意见，暂时不列入分级连片承包范围。

下面试就由分散承包到分级连片承包的过渡模式做出分析。

条件：某自然村队，总人口为 1000 人，户均人口数 5 人，耕地面积 600 亩，其中优等地 150 亩，中等地 370 亩，劣等地 80 亩。

（1）分级承包的土地分布

人均优、中、劣等地分别为 0.15 亩、0.37 亩、0.08 亩；分别以 S_A、S_B、S_C 表示户均优、中、劣三级耕地面积。按照家庭优、中、劣三等级地分项集中，那么，一般家庭承包土地为三片，则有：

$S_A = 0.75$ 亩；$S_B = 1.85$ 亩；$S_C = 0.4$ 亩

由于土地质量的差别不可能完全按照级差来划分，因此实际情况更为复杂。在一些地方每户耕地被分割成 6—12 块不等。

（2）分级连片承包的级差效益分析

形态 Ⅰ（A）：是指在一定技术条件下，由于自然力不同（主要是土地肥沃程度不同）所引起的级差效益。

形态 Ⅰ（B）：是指土地肥沃程度相同，但由于经济力不同（主要指交通运输条件）所引起的级差收益。

形态 Ⅱ：是指对同一块土地连续追加投资所引起的级差收益。

表 6-5　　　　　　　　　　每亩形态 I（A）分析

地级	投资（元）	产量（担/亩）	价格（元/担）	产值（元）	收益（元）
优	120	9	40	360	240
中	120	8	40	320	200
劣	120	7	40	280	160

表 6-6　　　　　　　　　　每亩形态 I（B）分析

地级	距离（公里）	运输单价（元/担·公里）	运输费用（元）
优	6	0.6	32.4
中	10	0.6	48.0
劣	8.7	0.6	36.54

表 6-7　　　　　　　　　　每亩形态 II 的分析

地级	追加投入（元）	产量（担）	单价（元/担）	追加产值（元）	追加运输费（元）
优	80	6.5	40	260	23.4
中	80	5.7	40	228	34.2
劣	80	5.0	40	200	21.92

　　根据形态 I 及形态 II 的级差收益可以得到优、中、劣三等土地的级差总收益。

表 6-8　　　　　　　　　　每亩级差总收益分析计算

地级	总投入（元）	总产量（担）	单价（元/担）	总产值（元）	运输总费用（元）	级差收益（元）
优	200	15.5	40	620	55.8	564.2
中	200	13.7	40	548	82.2	465.8
劣	200	12.0	40	480	58.46	421.54

表6-9　　　　按照投入与产出关系，不同地级之间的折算关系

	折成优等地	折成中等地	折成劣等地
a	1	1.37	1.64
b	0.73	1	1.2
c	0.61	0.83	1

（3）分级连片承包的土地分布。

户均承包的优、中、劣三等地面积计算如下：

①承包优等地 $S'_A = S_A + 0.73S_B + 0.61S_C = 2.34$（亩）

②承包中等地 $S'_B = S_B + 1.37S_A + 0.83S_C = 3.21$（亩）

③承包劣等地 $S'_C = S_C + 1.64S_A + 1.2S_B = 3.85$（亩）

规模扩张系数分别为：

$$a_A = \frac{S'_A}{S_A} = 3.12$$

$$a_B = \frac{S'_B}{S_B} = 1.74$$

$$a_C = \frac{S'_C}{S_C} = 9.63$$

实现耕地分级连片承包，是要求将承包户的土地相对集中在连片的地域内。它是家庭联产承包责任制的进一步完善，有利于农业生产接纳新技术，更为农业机械化创造了良好的追加投资环境，使农机商品顺利地向农业输入。

根据机械化农业生产方式的要求，在一定的农机物质装备水平下，采取各种方式促进土地经营规模扩大都是有益的。除了分级连片承包以外，促进土地向种田能手集中、建立机械化

家庭农场等都有益于农机化追加投资环境的改善。土地规模过小，农机作业效率低下，不可能取得良好经济效益，土地面积规模是农业机械化占比最重的追加投资环境。

2. 农机操作人员的技术水平

农机商品向农业输入过程离不开机械化农业劳动者的主体作用。合理使用农业机械可以节省开支，提高农机化的综合经济效益。由于机械化操作人员技术水平的不同，同样机组的经济效益相差 1.2—1.5 倍。这里不仅有合理操作机器所提高的经济效益，还包括机器保养、维修所节省的开支。

我国农民具有传统农业的丰富经验，在精耕细作的农业技术基础上从事小规模农业不能不说是卓有成效的。但由于农村科学文化水平低，对农业机械化工程技术和农业生物技术接纳过程迟缓。早在我国秦汉之际已经基本形成的一套传统农业技术已失去了技术上的先进性。机器大工业尽管早在 18 世纪 30 年代就已产生，发达国家在 20 世纪 30—50 年代相继实现了农业机械化，但就我国农村的一般情况而言，合理操作和使用机械化还必须经过专门的训练。也就是说，机械化作业在我国农村仍属于复杂劳动。目前，我国农业机械化经济效益不高，机器完好率低下，使用寿命短，甚至发生人身伤亡事故，这种状况同机械化操作人员没有经过严格的技术培训有直接关系。农业机械化追加投资的价值增值需要机械化农业劳动者具有良好的技术素质。

3. 农机与农艺的配合

农机工业物质向农业输入，需要农机与农艺的良好结合。

一般来说，农业培育动植物的种类是长期的、自然的结果。机械化对物种的选择意义是微不足道的，但它对已有种类的栽培及养殖方式具有农艺要求。在一定的工业技术水平的发展阶段上，机械化追加投资向农业输入存在新技术障碍，这种新技术障碍需要农机与农艺的有效结合。

美国的棉花生产过程机械化及日本插秧机械化技术的改良提供了这方面的佐证。

随着美国机器大工业技术向其最后一个产业的发展，即对农业的征服，农业机械化在强大的工业技术基础上迅速发展，并为农业资本家获得了追加投资利润。但在采棉机械化过程中，这种追加投资遇到了技术上的巨大困难。美国自从1850年开始研究棉花采摘机，经过一个世纪，采棉机械化进展缓慢，直到1949年，棉花收获机械化仅为6%左右。由于人工采棉需要花费巨大的劳动，在劳动力资本日益昂贵的美国，棉花成本相对上升。这种艰辛的努力和甚微的效果迫使人们开始按照农机化的作业要求来改革传统的棉花栽培工艺。经过长期努力终于培育了棉枝长度中等、抗风性能好、棉桃均匀分散、棉叶小而厚的适合机械化作业要求的棉花品种。在改良品种的同时，也革新了棉花生产工艺，按照机械化作业要求，整平了原来凹凸不平的地形，使行株直线行走条件改善。由于农机与农艺配合，采棉机械化获得了突破性进展，在短短20年时间里，美国的棉花收获机械化达95%左右。

中国的水稻专家曾经这样感叹过，中国的插秧机研究早于日本，甚至日本最早的插秧机都是从中国引进的，现在日本已实现了插秧机械化，而我国却大大落后了。造成这种情况的主要原因是：我国插秧机械化一直囿于传统插秧技术，而日本改革了传统的秧田培育洗根大苗的技术，实现了符合机械化作业的小苗带土移栽技术，与此相适应实行了工厂化育秧。这些措施结束了日本70年代水稻插秧机械化的徘徊局面，1978年日本插秧机械化程度达86%。我国的机械化插秧水平一直停留在百分之几的水平。

农机农艺配合可以消除机械化追加投资的技术性障碍。通过与农艺配合，可以使农机设计简化，降低成本，改善农机化的投资环境，有利于工业物质以廉价的商品形式向农业输入。

第七章　农业机械化过程中的价格机制与财政政策分析

从农业机械化全过程考虑，必须考察两方面的经济效果：一方面是农机工业企业生产农机产品的经济效果，另一方面是农民购买农机产品从事农业生产的经济效果。理顺这两方面经济关系的一般原则应该是：农机工业企业生产农机产品必须获得经济效益，并能实现工业的平均利润；农民购买农业机械产品从事农业生产在改善生产手段和工作环境的同时，必须能够在合理经营的前提下增加收益。

从国际经验来看，各国在发展农业机械化的过程中，政府都给予了极大的支持。这种支持很大程度上体现在经济政策方面。由于各国发展农机化的背景不同，经济政策的选择有一定差别。对发达国家来说，由于工业发达，国民经济实力雄厚，对农业机械化的经济政策支持可以说对农机化的发展起了决定性作用。在考虑农机化的经济政策方面，这些国家具有以下特点。

第一，经济政策覆盖农机工业与农机应用两方面，即从农机化的全过程加以考虑，所以，总的来说，经济效果是非常明显的。

第二，将农机产品与农产品的价格关系联系起来考虑，农业机械在农业生产资料中具有特殊地位，有的国家将农机产品价格与农产品价格联动起来，在考虑农业政策中均有农机项目。

第三，从政策的倾斜度来看，经济补偿政策更向农业倾斜，为了提高农业收入，不惜以农机化为手段，尽管农机化的本身利用率及经济效益并不高。

我国的农机化财政政策要从我国的经济实力考虑，既不要给财政增加过重负担，又要让有限的支持发挥作用，进行合理补贴。在我国发展农机化的初步阶段，国家对农机化的支持是巨大的，农机化也确实获得了巨大发展，但经济效果与投入是严重不对称的，所以，沿用过去的办法不仅没有经济体制的条件，也不存在经济上的合理性。

在第四章、第五章我们分别对农机工业的经济运行及农业机械向农业的输入过程进行了分析，在此基础上，本章对农机化的财政政策加以考察。

一　三种价格机制下农业机械化的运行

1. 农机工业的低价格运行

国家对农机产品实行低价格政策，必然带来农机工业企业利润和比较利益低下，农机工业技术改造困难，职工福利得不到改善。其结果是，大量农机工业企业改行或空挂农机企业之招牌而谋求他业，农村也难以得到廉价高效的农机产品。另外，由于工农业产品剪刀差的存在，农产品的价值与价格背离幅度大于农机产品的价格背离幅度，在农机产品与农产品之间仍然存在一定幅度的剪刀差。这样，农民购买农机产品直接从事农业生产、依靠商品农产品的销售来补偿农机追加投资时，存在着超经济障碍。农机工业的低价格还刺激着农机的非农用化发展，同时也约束着农机产品向农业生产过程的直接输入，带来农机化畸形发展。这种运行机制可以用图 7-1 表示。

农机的非农用化发展是指农民以比其他工业品较便宜的价格购买农机产品从事非农产业。例如，农民购买拖拉机从事非农营业性运输。农村经济体制改革以后，农民有了购置农业机械等农业生产资料的自主权，一些农业机械，特别是小型拖拉机的保有量有了较大的发展。应该说，小型拖拉机的适度增长是符合农业田间运输需要的，但是，近些年来从事营业性运输拖拉机的巨幅增长是远远大于这种需求的。早在 1970 年，我国在制定基本实现农业机械化的目标时，拖拉机的需求数量为大中型拖拉机 80 万台、小型拖拉机 150 万台。到 1990 年年底，大中型拖拉机在连续几年小幅度下降以后，已基本保持在 80 万台的规模。小型拖拉机已超过 600 万台，是我国基本实现农业机械化所要求数量的 4 倍。当然 70 年代确定我国拖拉机保有

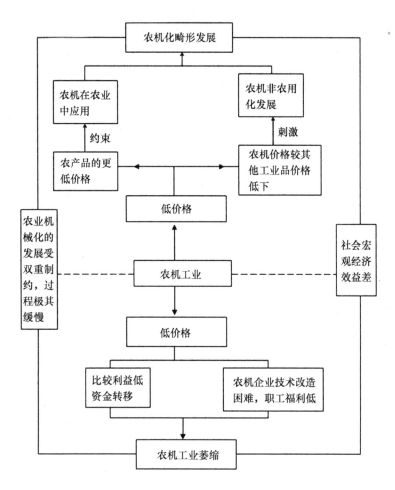

图 7-1　农机产品低价格政策下农机工业运行机制

量所依据的条件是农村人民公社体制。在此条件下，土地集中统一经营，生产规模较大，每台拖拉机的服务量是按动力要求确定的，随着农村经济体制的改革，经营主体多元化，农户为了使用方便，适时耕种，每单位动力的服务量会相对减少些，因此，即使不存在农机非农用化发展，农机动力也可能增加一些，另外，在 70 年代，我国农业主要是以种植业为主体的

"一头沉"农业，农业内部结构单一，农机使用范围狭窄。农村经济体制改革以后，农村多种经营有了较大的发展，一些新的领域也拓宽了农业机械的使用范围。因此在其他条件不变的情况下，农机保有量也会有一定幅度的增长。这种增长是同农业生产的需要直接联系的。

但从我国目前农机作业的收入构成看，小型拖拉机的运输收入已占农机作业收入的七成左右。从农机产品结构来看，小型拖拉机的动力增长幅度远高于其他农机产品的增长幅度。这种情况表明，近些年来我国农机非农用化的发展是明显存在的。这与农机产品价格低有密切的联系。如前所述，农机产品的低价格是相对于一般工业品而言的。相对于农产品来说，其价格水平仍然是高的。因此，在失去财政补贴以后，依靠商品农产品的出售来实现农机化的追加投资增值要求是超经济的，其结果只能是制约农机化的发展，大大缩小农机化的可行范围。因此，以农机产品低价格作为农机化的激励手段，对农机工业和农机化的发展都是不利的。

2. 农机产品的高价格运行

农机产品的高价格是农机产品获得工业平均利润水平的价格。由于现行农机产品的利润率低，因此，要保证农机工业获得工业的平均利润，意味着农机产品价格将有较大幅度的增长（降低成本也是一方面）。这样农机产品的价格和价值不仅不发生背离，而且其价格要高于价值，高出平均水平的幅度由工农业产品剪刀差决定。这样可以保证农机工业在正常的经济环境中求得发展，利用自身的积累加强技术改造、改善职工福利条件。在平等竞争条件下，即使有一些落后企业被淘汰改行，发生资金的部分转移也是正常的。

农机工业的高价格运行，可以大大抑制农机非农用化发展。购买者根据自己的用途对机械产品进行选择时，必须要考虑投入与产出关系和比较经济效益。在资金投入不占绝对优势的条件下，经营者必须考虑资金运营过程的优劣，使运营过程不断优化，以获得较高的产出。近些年来营业性运输拖拉机的巨幅增加同农机的投入优势有很大关系。从运营过程来看，载重汽车比拖拉机要优越得多，但由于汽车的高价格平抑了运营过程的优势，从投入和运营两方面考虑，拖拉机比汽车合算一些。近些年来，拖拉机的增长情况从正面说明了用拖拉机从事运输业给经营者带来了效益。农机产品的高价格运行可以抑制这种非常态运行。

但是，农机产品的高价格对农机产品向农业生产过程输入产生强约束。农机产品高价格使农机产品与农产品的剪刀差扩大到工农业产品的剪刀差。这样，机械化替代的劳动力日值增高，机械化的可行性范围进一步缩小。要补偿农机产品转移到农产品中的构成成本需要大幅度的增产效果。这样必然导致在农业生产中进一步排斥农业机械化的使用。农机的市场容量将急剧下降，农机工业生产规模也随之减少。这种运行机制可以用图7-2表示。

因此，在缺乏必要的财政扶持时，由于工农业产品价格剪刀差的存在，无论实行农机产品低价格或高价格政策，都不能保证农业机械化健康发展。

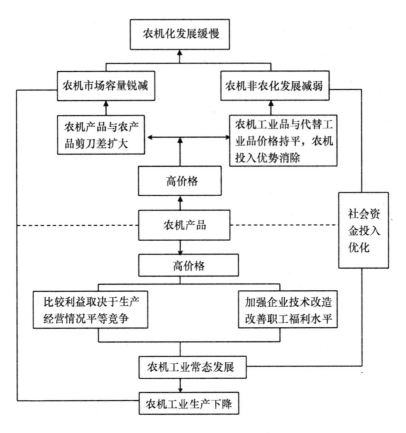

图 7 - 2   农机产品高价格政策下农机工业运行机制

在第五章中，我们分析了过去我国在实行农机产品低价格的同时，采取了相应的财政补贴措施（如价格外补贴/产销倒挂），它们对农机化的发展都起了一定的促进作用。在原有的体制中，由于农机化的主体是集体经济组织，农户不能购买拖拉机等大型农业机械，在这种条件下，即使存在农机产品的低价格，也不会带来农机的非农用化发展。过去农机化的财政补贴之所以没有达到预期效果，主要是因为，农机产品以非商品形式向农业输入，经营者没有自主选择的权力。国家对农机产品采取配给方式，使不少农机产品不能充分发挥效能，也阻碍了农机的技术进步。因此，新的运行机制不能是旧机制的复归，而必须根据新的经济环境采取切实有效的措施。

新的运行机制必须遵循下列原则。

第一，农机产品必须以商品能量形式向农业输入，只有这样才能激励农机企业加强管理、提高商品质量，增强竞争能力，坚决摒弃过去的配给制，也只有这样才能促进农机在农业生产中真正发挥作用，提高农机的利用率，减少不必要的浪费，抑制农机的非农用化发展。

第二，采取必要措施，使农机工业与其他工业部门处于平等的竞争环境，改变农机工业利润率过低的状态，使农机企业具有自我积累、自我发展的能力，加强技术改造，提高产品质量，改善职工的福利条件。

第三，由于工农业产品之间存在剪刀差，为了激励农机产品直接为农业生产服务，改进农村工作环境，提高劳动生产率，增加农业收益，对直接为农服务的农机产品，特别是种植业机械实行扶持政策。

根据上述要求，应该选择第三种运行机制。这种运行机制同时具有激励和约束功能，即对于直接应用于农业生产领域的农机采取必要的激励措施，对于农机的非农用化采取必要的约束措施（图7-3）。

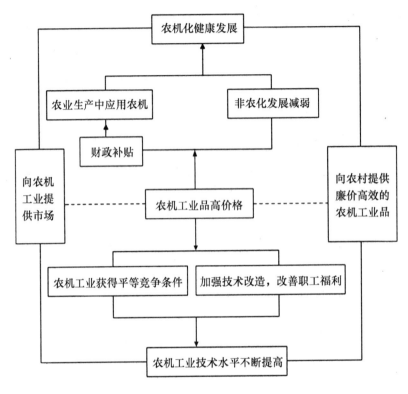

图7-3　新的农机工业运行机制

二　农业机械化过程中的财政补贴

1. 财政补贴的对象与范围

对农业机械化实行财政补贴的依据是：在农机产品高价格运行的条件下，农机产品与农产品之间存在着剪刀差。农业机械作为农业生产的手段，具有一定的增产效果（也可以表现为抗灾害减少损失方面），农机产品的转移价值可以通过商品农产品来补偿。为了克服这种补偿过程中的超经济障碍，对直接从事农业生产的农机产品进行财政补贴，以实现农机产品与农产品在农产品的价格水平上"等价交换"。农业机械化的财政补贴对象是直接进入农业生产过程中的农机产品，对这些农业机械的补贴，有利于我国农业机械化水平的提高，补贴对象主要应包括耕、种、播、收、植保等机械及场上作业机械。由于从事营业性运输的机械及农产品加工机械其转移价值不是直接通过出售商品农产品来补偿的，因此不属于财政补贴范围。

2. 财政补贴的数量界限

根据农业机械的补贴范围及农机产品与农产品的剪刀差幅值，可以从宏观上计算农机财政补贴的数量界限。

以 1982 年为例说明计算分析过程。

根据第五章，该年度相关数据如下：

工农业产品剪刀差为 288（亿元）；

工业品价格高于价值幅度为 11.6%；

农产品价格低于价值幅度为 21.0%；

农机工业品价格低于价值幅度为 6.1%；

当年度农机工业产值为 68.81（亿元）。

下面分三种情况进行讨论。

（1）农机工业品高价格情况

在这种情况下，要保证农机工业获得平均利润，农机产品的价格必须高于价值，高出幅度为 11.6%，则当年农机产品的价格上涨幅度为：

11.6% － （－6.1%） ＝17.7%

上涨额度为：68.81×17.7% ＝12.81（亿元）

按照等价交换原则，则财政的补贴幅度为：

17.7% － （－21.0%） ＝38.7%

当年与农机化水平直接相关的农机产值为：

68.81×33.3% ＝22.92（亿元）①

则财政补贴额为：22.92×38.7% ＝8.83（亿元）

实现农机工业品高价格运行，农机工业利润总额按当年的利税征收办法，其 55% 的份额上缴财政，则国家财政的增收额为：12.18×55% ＝6.7（亿元）

国家实际对农机的补贴额为：8.83－6.7＝2.16（亿元）

通过国家对这一部分农机产品拨付财政补贴，可以大幅度地提高农机化水平，增强农业的发展后劲，真正起到促进农业生产的作用。意大利国家的选择性补贴，朝鲜的"农机产品价格要同农产品价格一致"的原则，实际上就是这种情况。

（2）农机工业产品价格按价值确定的情况

农机产品价格按价值确定，在工农业产品存在剪刀差的条件下，是不能保证农机工业获得工业的平均利润的。按 1982

---

① 资料来源：《农业机械化年报（1982 年）》，各项作业机械化的农机产值之和与农机总产值的比重。

年农机工业品的价格与价值背景 6.1% 的幅度计算，该年度农机产品的涨价额度为 4.2 亿元（68.81×6.1%）。这一部分的涨价额度应构成农机工业的纯利润。

其中，上缴国家财政数额为：4.2×55% = 2.31（亿元）

要实现农产品与农机产品在农产品价格水平上的"等价交换"，财政补贴幅度为：0 -（-21%）= 21%

财政补贴数为：68.81×33.31 = 4.81（亿元）

国家实际补贴数为：4.81 - 2.31 = 2.5（亿元）

按价值价格运行，农机工业尽管不能获得工业的平均利润，但农机工业具有一定的发展能力，如果不存在工农业产品剪刀差，这种运行是符合经济规律的。

（3）农机产品低价格运行

仍以 1982 年的情况进行讨论。

该年度要使农机工业获得工业的平均利润，国家对农机工业的补贴幅度为：11.6% -（-6.1%）= 17.7%

补贴总额为：68.81×17.7% = 12.18（亿元）

其中真正用于农业生产的补贴为：

12.18×33.31% = 4.06（亿元）

而剩余的 8.12 亿元则通过农机非农用化发展途径流入其他产业，也就是说，国家对农机的 4.06 亿元的补贴必须以 12.18 亿元为代价。同时农机产品必须以与价值背离 6.1% 的价格出售给农民。因为农产品的价格更低，为使农产品与农机产品在低价格水平上等价交换，国家仍需对农民进行补贴，其补贴幅度为：

（-6.1%）-（-21%）=14.9%

补贴数量为：68.81×14.9%=10.25（亿元）

两项总补贴额为：12.18+10.25=22.43（亿元）

这个数值等于68.81亿元的工业品与农产品交换的全部剪刀差值，即

$$68.81×[11.6%-（-21%）]=68.81×32.6%$$
$$=22.43（亿元）$$

所以，在三种价格运行中，农机产品低价格运行，国家财政负担最重。

长期以来，国家从支持农机化发展的愿望出发，基本采取了农机产品的低价格政策。实际上，对如此巨大的财政补贴国家是无力支持的，其间采用的价格外补贴和产销倒挂政策所补贴的数额均低于实际需要，一部分负担不得不转嫁到工业企业，使农机企业自身发展困难。同时农机产品的低价格政策刺激到了农机的非农用化发展，使农机产品抢占了本来属于其他工业品的市场。例如，小型拖拉机的超常增长较大地抑制了农用汽车的发展。这些拖拉机的绝大部分工作量是从事营业性运输，运输收入占农机总收入的七成左右。我国的汽车与拖拉机之比远远低于其他国家。

不同时期、不同国家的汽拖比如表7-1、表7-2、表7-3、表7-4所示。

表7-1 美国的汽拖比

年份	农用汽车（万辆）	拖拉机（万台）	汽拖比
1940	104.7	156.7	1：1.5
1970	298.4	451.9	1：1.55
1975	303.2	446.9	1：1.47
1979	305.7	431.2	1：1.4

表7-2 苏联的汽拖比

年份	农用汽车（万辆）	拖拉机（万台）	汽拖比
1940	22.8	53.1	1：2.3
1970	113.6	197.7	1：1.47
1975	139.6	233.6	1：1.73
1978	152.2	251.5	1：1.65

表7-3 日本的汽拖比

年份	农用汽车（万辆）	拖拉机（万台）	汽拖比
1967	88.4	3220	1：3.4
1970	98.0	3330	1：3.4
1975	110.9	392.7	1：3.57
1977	137.3	401.4	1：2.9

表7-4 中国的汽拖比

年份	农用汽车（万辆）	拖拉机（万台）	汽拖比
1978	7.4	193	1：2.6
1980	13.8	261.89	1：18.9
1982	20.6	309.9	1：15
1986	49.9	539.2	1：10.8
1988	59.1	682.8	1：11.55

其实，发展汽车工业不仅可以改善宏观经济效益，而且能够向国家提供更多的积累。以1982年为例，如果当年度的汽拖比提高至1：8，则农用汽车的保有量达38.7万辆，净增加18.1万辆。以每辆农用汽车价格为3.0万元计算，则汽车工业产值可净增加54.3亿元，以20%的利润水平计算，将利润的55%上缴国家财政，则国家财政可多收入5.9亿元，比对农机的补贴还要多出3亿元。

综上所述，实行农机产品高价格运行，可以抑制农机非农用化发展，保证农机化水平的有效提高，增强农业发展后劲。国家补贴负担不重，甚至收入相抵，还可以增加国家的财政收入，具有良好的社会效益，从资源配置角度来看也是合理的。

以上三种运行机制的难点均在于工农业产品之间存在剪刀差。在这种经济背景下，要保证农业机械化符合经济规律的正常发展，财政补贴是不可缺少的。从改善宏观经济效益、实现资源的合理配置和减轻国家财政负担来看，农机产品按高价格运行是相对合理的方案。

三　对农机产品进行财政补贴的管理

根据农业机械价格和减轻国家财政负担的要求，国家对直接从事农业生产的农机产品要给予一定的财政补贴，以激励农机化事业的健康发展，而对从事其他产业的农机产品则实行高价格政策，即市场价格，以约束农机的非农用化发展，对于这一部分农机产品管理可以直接纳入一般工业品的管理范围。对于需要补贴的产品，国家必须制定一套完整的相对独立的管理方法。如果在管理环节上出现问题，国家对这部分产品的补贴不仅农民不能直接受益，而且会给国家财政带来损失。

1. 国家对财政补贴的总量控制

国家要做到在总量上对农机财政补贴的控制，首先要对主要作业项目的机械拥有量做出估测，农机拥有量是反映农机工业生产规模的实物指标，与农机化水平直接相关的农机拥有量是国家财政补贴的对象。从我国农机化的产品结构来看，一般耕作机械、播种机械、收入机械、植保机械及场上作业机械，由于其使用价值的特殊性，都是直接进入农业生产过程的，对提高农机化水平有直接促进作用，因此，对现行农机工业产品结构的分析是确定农机补贴总量的依据。

为保证国家对以上项目作业机械补贴的可靠性，需要对这些机械保有量与机械化综合水平的相关性进行检验。

表7-5是若干年份机械化水平与主要农业机械的拥有量。表中的机械化水平是各种机械化水平综合得出的，计算方法同第一章。

表7-5　　　　　　　　　　机械化水平与主要农机具拥有量

年度	机械化水平（%）	耕作机具（万部）		播种机（万台）		收获机械（万台）	
		大型	小型	大中型	小型	联合	小型
1982	16.87	119.6	193.9	17.8	36.6	3.3904	7.4309
1983	16.60	113.4	224.8	17.4	37.5	3.5728	6.6036
1985	18.08	99.6	280.0	13.6	40.2	3.4573	8.6075
1986	18.05	88.7	337.8	11.9	45.2	3.0945	11.6352
1987	18.96	91.5	365.0	12.0	48.4	3.3802	15.9990
1988	20.49	85.3	456.6	11.8	63.5	3.5004	20.9631
1989	21.47	88.1	535.0	11.0	68.7	3.6574	27.6250

分析计算可得各项回归方程为：

耕作大中型机具：

$$Y_1 = 267.55 - 9.1x \qquad R = 0.86$$

耕作小型机具：

$$Y_2 = 70.42x - 971.65 \qquad R = 0.99$$

播种大型机具：

$$Y_3 = -1.45x - 40.69 \qquad R = 0.91$$

播种小型机具：

$$Y_4 = 7.24x - 85.78 \qquad\qquad R = 0.99$$

收获大中型机具：

$$Y_5 = 0.0338x + 2.806 \qquad\qquad R = 0.33$$

收获大小型机具：

$$Y_6 = 0.222x + 9.985 \qquad\qquad R = 0.99$$

上述计算说明，除大中型收获机械以外，其他项目的作业机械同机械化水平呈线性相关，也就是说，根据这些项目机械的保有量在宏观上控制国家财政补贴是可靠的。国家可以根据不同时期不同地区实现农业机械化的要求核算主要作业项目的机械保有量，在宏观上控制需要补贴的对象，根据当时的价格水平和工农业产品剪刀差幅值，则可以在总量上确定国家财政补贴的数额。

2. 加强农机工业企业的质量管理

承担国家财政补贴的农机产品的生产企业不能直接享有国家的财政补贴。这些企业在国家宏观政策指导下，从事农机产品的生产。按照农机产品高价格运行机制的要求，这些企业在平等竞争的条件下，努力降低成本，提高产品质量并获得工业的平均利润，对生产出来的农机产品国家不实行配给制，把选择权让给农民。

3. 对确定需要补贴的农机产品的购买者予以补贴

国家的财政补贴应该直接受益于各类农机产品的购买者。这些农机产品的销售价也应该是高价格的，否则农机工业企业就得不到平均利润，这些农机产品的结构决定了它的使用价值只能是从事农业生产，它的价值只能通过商品农产品的出售来补偿，要消除交换过程的不等价，国家应根据当年工农业产品的剪刀差的实际情况给予补贴。这种补贴对于一般专用农业机械是比较容易的，而对于一般动力机械，除用于农业之外，还可以从事其他作业，因此，要准确核定这些动力机械的补贴数额，需要对其作业情况进行核实，按农业作业量的平均比例给予补贴。

过去我国对农机产品曾给予一定数量的财政补贴，但由于经济关系不顺，没有取得应有的效益。从国家来说，是由于农机产品一律实行低价格政策，补贴范围过宽。在补贴方法上，是由于一部分负担转移到了农机工业企业身上，使农机工业发展后劲不足。农机产品主要采取配给制，农民没有选择的自主权，有的农机产品粗制滥造。这样，尽管农村经济组织得到了低价农机产品，但产品质量或使用价值不大，或品种不对路，难以发挥作用。这一过程在扭曲的经济关系中形成恶性循环。

农机产品高价格运行辅之以国家对部分农机产品进行补贴的措施，理顺了在工农业产品剪刀差环境下农机化发展过程中的经济关系。农机管理部门作为国家发展农机化事业的职能部门，要掌握国家财政补贴的范围和具体分配，并在实践过程中对这种机制不断完善。

主要参考文献

［1］ 恩格斯：《法德农民问题》，人民出版社 1972 年版。

［2］ 列宁：《俄国资本主义的发展》，人民出版社 1975 年版。

［3］ 张培刚：《农业与工业化——农业国工业化问题初探》上卷，华中工学院出版社 1984 年版。

［4］ 刘文璞等：《中国农业的社会主义道路再认识》，中国社会科学出版社 1987 年版。

［5］ 刘文璞：《现代日本农业》，中国社会科学出版社 1983 年版。

［6］ 陈耀德等：《改造传统农业的国际经验》，中国人民大学出版社 1990 年版。

［7］ 中国国外农业经济研究会编：《国外农业发展战略》，安徽大学出版社 1983 年版。

［8］ 万晓光：《发展经济学》，中国展望出版社 1987 年版。

［9］ 邓一鸣：《中国农业剩余劳动力与转移》，中国农村读物出版社 1991 年版。

［10］陶大镛：《战后资本主义经济特征》，湖南人民出版社 1981 年版。

［11］陈吉元等：《乡镇企业模式研究》，中国社会科学出版社 1990 年版。

［12］王彗炯等：《农村的非农业发展：亚洲的经验与中国前景》，气象出版社 1984 年版。

［13］蔡昉：《中国的二元经济与劳动力转移》，中国人民大学出版社 1990 年版。

［14］张思骞等：《中国农业发展战略问题研究》，中国社会科学出版社 1988 年版。

［15］王贵宸等：《中国农村产业结构论》，人民出版社 1991 年版。

［16］刘福垣：《工农业收入差异》，重庆出版社 1988 年版。

［17］陈吉元等：《中国农村的变革与发展》，广东高等教育出版社 1992 年版。

［18］张留征等：《中国农村经济的未来格局》，中信出版社 1992 年版。

［19］王耕今等：《我国农业现代化与积累问题研究》，山西经济出版社 1993 年版。

［20］祖国补等：《农业发展与生产力政策研究》，农业经济技术文集，1990 年版。

［21］丁泽霁：《世界农业：发展格局与趋势》，农业出版社 1991 年版。

［22］展广伟：《农业技术经济学》，中国人民大学出版社 1986
年版。

［23］克鲁舍夫斯基：《经济数学模型与方法手册》，中国人民
大学出版社 1987 年版。

［24］库兹涅茨：《各国的经济增长》，商务印书馆 1985 年版。

［25］约翰·科迪：《发展中国家的工业发展政策》，经济科学
出版社 1992 年版。

［26］莫罗佐夫：《美国农业联合企业》，上海译文出版社 1980
年版。

［27］安德列耶娃：《美国农业专业化》，农业出版社 1979
年版。

［28］多马：《经济增长理论》，商务印书馆 1983 年版。

［29］别尔科夫等：《农业经济译丛》，农业出版社 1981 年版。

［30］农业部农机化司：《全国农业机械化统计年报》。

［31］Devino, *Agribusiness Finance*, 1981, The Interstate.

［32］Kenneth, L., *Economics and Agricultural Management*,
1984, Reston.